Sabine Barth wuchs in Köln auf und studierte dort Theater-, Film- und Fernsehwissenschaften, Germanistik, Sozialpsychologie und Völkerkunde. Als Schauspiel-Dramaturgin arbeitete sie an den Wuppertaler Bühnen und dem Saarländischen Staatstheater. Anschließend war sie hauptsächlich journalistisch tätig, als leitende Redakteurin der Zeitschrift *NRW literarisch* sowie später in gleicher Funktion für das Magazin *foglio.* Außerdem verfasste sie Feature und Literaturkritiken für den Rundfunk.
Beeindruckt von Island und Grönland schrieb sie mehrere Reiseführer über diese Länder, die sie erstmals in den 1980er-Jahren bereiste. In Reykjavík lebte sie zwei Jahre und leitete dort das ehemalige Goethe Zentrum. Seit 2003 arbeitet sie regelmäßig als Lektorin auf Kreuzfahrtschiffen, die den Norden befahren.

1. Auflage

www.conbook-verlag.de
www.1-5-1.de

Einbandgestaltung: LNT Design, Köln
Satz: David Janik
Fotos (genannt sind die Nummern der Momentaufnahmen): Johannes M. Ehmanns: 1, 2, 4, 5, 6, 7, 8, 10, 11, 12, 14, 15, 17, 18, 20, 21, 22, 24, 25, 26, 28, 31, 32, 33, 37, 38, 42, 43, 44, 46, 48, 50, 51, 52, 53, 56, 57, 58, 59, 61, 62, 63, 65, 66, 67, 71, 72, 74, 76, 77, 78, 80, 82, 83, 84, 86, 88, 89, 92, 95, 96, 98, 99, 100, 102, 103, 104, 105, 106, 107, 108, 110, 111, 112, 113, 119, 121, 122, 125, 126, 129, 130, 131, 132, 133, 135, 136, 137, 138, 139, 140, 141, 142, 143, 144, 145, 146, 147, 148, 149, 151; Sabine Barth: 3, 16, 23, 30, 34, 35, 39, 40, 41, 45, 47, 49, 55, 60, 64, 69, 70, 73, 75, 81, 85, 87, 90, 91, 94, 97, 101, 109, 114, 116, 120, 123, 127, 128, 134; Copyright and Courtesy of Promote Island: 9; © Bertrand / Flickr, Lizenz CC BY 2.0: 13; Kusch+Co Modell Sóley, © and Courtesy of Kusch+Co GmbH & Co. KG - P.O. Box 1151 - 59965 Hallenberg: 19; © Albin Olsson, Lizenz CC BY-SA 3.0: 27; © Robert Prummel, Lizenz CCBY-SA 3.0: 29; © Rob C. Croes / Anefo - Nationaal Archief (cropped), Lizenz CC BY-SA 3.0 nl: 36; © and Courtesy of Handknattleikssamband Íslands: 54; © Forlagid Publishing: 79; © istockphoto.com/dislentev: 93; © istockphoto.com/scarletsails: 115; © istockphoto.com/Brothers_Art: 117; © Stig Nygaard / Flickr, Lizenz CC BY 2.0: 118; Quelle: Statice.is: 124; © istockphoto.com/Bahadir Yeniceri: 150

Druck und Verarbeitung: Multiprint GmbH

ISBN 978-3-95889-000-8

ISLAND 151

Portrait einer brodelnden Insel
in 151 Momentaufnahmen

Momentaufnahmen
151 x Island

1 Akureyri
Perle des Nordens

Alle reden von Reykjavík, aber Akureyri, die heimliche Hauptstadt des Nordens, ist für ihre Größe (etwa 18.000 Einwohner) erstaunlich urban. Reisende lieben vor allem die malerische Lage des Ortes, von dem aus man wunderbare Ausflüge unternehmen kann. Den Akureyrern selbst ist es aber vor allem wichtig, dass man sie als Städter wahrnimmt.

Manchmal wirkt es so, als versuche Akureyri in Konkurrenz zu Reykjavík zu treten. Das ist natürlich ein fast aussichtsloses Unterfangen, denn Reykjavík ist das Zentrum und der Nabel des Landes. Umso mehr freute man sich in Akureyri, als die Stadt mehrere Jahre vor der Hauptstadt ein Konferenz- und Konzertgebäude erhielt – genannt: Hof. Der architektonisch gelungene Rundbau steht direkt am Fjord.

Überhaupt gilt Akureyri als Kunststadt mit entsprechenden Museen und einer Kunsthochschule. Weil diese Einrichtungen alle in einer Straße stehen, die zudem steil und etwas eng wirkt, haben die Bewohner sie »Listagil« getauft – die Kunstschlucht.

Besonders punkten kann Akureyri mit seinem botanischen Garten, dem ältesten des Landes, 1912 gegründet und heute eine großzügige Parkanlage. Insgesamt ist die Stadt mit vielen Bäumen und großzügigen Villen mit hübschen Gärten sehr grün.

Die Lebensbedingungen sind ausgezeichnet, und kein Akureyrer möchte ernsthaft mit einem Reykjavíker tauschen. Wirtschaftlich steht man gut da und wurde in keiner Weise so dramatisch von der Krise in 2008 getroffen wie die Hauptstädter. Die Bewohner lieben die Mischung aus der unmittelbaren Nähe von Natur und Stadt. Sie genießen die Wintersportmöglichkeiten und eine Schneesicherheit, die im Südwesten nicht mehr zwingend gegeben ist. Vielleicht ist Akureyri nicht so überschäumend quirlig wie Reykjavík, sondern wirkt eher etwas gesetzter, aber langweilig ist es hier ganz und gar nicht. Die Hochschulen sorgen für viele junge Bewohner, was auch im Straßenbild auffällt. Zahlreiche Häuserwände zieren Kunstwerke und hin und wieder kommt es zu spontanen Performances.

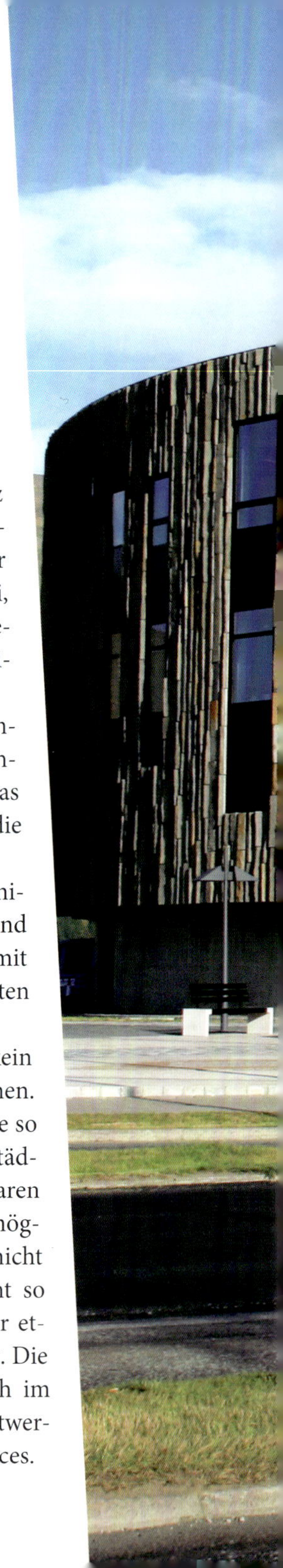

HOF
HOF

Alþingi
Das Parlament der reichen Bauern

In den »Goldenen Zeiten« des Mittelalters lag die Macht noch bei den freien Männern, auch wenn es immer wieder heißt, dass es auch freie Frauen gegeben habe. Zweifelsohne lag die Macht aber nicht in deren Händen. Damals wurde das isländische Parlament ins Leben gerufen – und noch heute knüpft das Alþingi an diese goldenen Zeiten an.

930 fand erstmalig das Alþingi (auch: Althing) in Þingvellir, einem Ort östlich der Hauptstadt Reykjavík, statt. Alþingi bedeutet »allgemeine gesetzgebende und richtende Versammlung« und war das wichtigste Gremium im Mittelalter. Die meisten der Siedler kamen aus Norwegen und brachten nicht nur ihre Kenntnisse als Bauern ins Land, sondern auch ein Rechtssystem mit Versammlungen. Die Einrichtung des Althings markiert bis in die Gegenwart den Beginn des ersten isländischen Freistaats: ein eigenes Land, unabhängig vom norwegischen König und regiert von den Goden, den mächtigsten Häuptlingen des Landes, und ihren Gefolgsmännern. Dabei handelte es sich um freie, reiche Bauern, die entsprechend Steuern zu zahlen hatten. Die Goden waren Nachfahren hochgestellter Sippen, meist schon anerkannt in Norwegen und bei der Landnahme in Island eine führende Rolle spielend. Sie waren sowohl das richterliche als auch religiöse Oberhaupt des Godentums.

Das zentrale Organ des Althings war die Lögrétta, das gesetzgebende Organ, zusammengesetzt aus den damals 36, ab 965 dann 39 Goden. Hinzu kamen noch zwei Berater pro Gode. Zu Beginn des 11. Jahrhunderts gab es 48 Goden, insgesamt waren damit 144 Menschen versammelt. Aus dem Kreis der Goden wurde der Gesetzessprecher gewählt. Seine Aufgabe war es, sämtliche Gesetze mündlich vorzutragen, dafür hatte er drei Jahre Zeit. Außerdem leitete er die Thingversammlung und verkündete am Ende alle Freisprüche oder Schulderlasse. Kurz: Während der Zeit des Things war er der wichtigste Mann. Erst Anfang des 12. Jahrhunderts wurden die Gesetze niedergeschrieben, vorher musste der Gesetzessprecher sie auswendig hersagen.

Doch in dieser Versammlung tagten nicht nur die wichtigsten Männer des Landes, sondern hier trafen sich alle, um Neuigkei-

ten auszutauschen, zu handeln, Ehen zu schließen, Gedichte vorzutragen, Lieder zu singen, zu kämpfen – und vor allem zu feiern. Das Alþingi fand traditionell im Frühsommer statt, und diese 14 Tage waren **das** Ereignis in den frühen Jahrhunderten. In manchen Jahren kamen rund um die Entscheider bis zu 5.000 Menschen zusammen, sie übernachteten in Zelten und Buden und ließen die Versammlung zum Volksfest werden. Heutzutage kann man im Sommer bei all den Ausflugsbussen einen guten Eindruck bekommen, wie es damals ausgesehen haben mag.

Seit Mitte des 19. Jahrhunderts tagt das Parlament in der Hauptstadt. Im heutigen Alþingi in Reykjavík mag es auch manchmal lebendig zugehen, doch meist herrscht geordnete Langweile – ganz so, wie man es von Parlamenten erwartet.

Aluminium
Alles so schön öko

Island wirbt mit seiner unberührten Natur, seinem reinen Wasser und der grünen Energie. Wer denkt bei solchen Slogans an eine Industrienation? Sicher weiß man, dass die Fischereiwirtschaft von Bedeutung ist, aber wer weiß schon, dass Island zu den größten Aluminiumproduzenten der Welt gehört?

Freudig erregt steigt man am Flughafen Keflavík in den Bus nach Reykjavík, durchfährt eine faszinierende Lavalandschaft, in der Ferne sieht man Gebirge und Wasserdampf emporsteigen. So hat man es sich vorgestellt. Doch dann, vor den Toren von Hafnarfjörður, erstreckt sich ein gefühlt kilometerlanger Bau. Ignorieren kann man ihn nicht, auch wenn man angestrengt zur anderen Seite blickt, hier steht Islands älteste Aluminiumschmelze mit eigenem Hafen. Die größte steht in Ostisland, in Reyðarfjörður, und gehört Alcoa. Drei Schmelzen gibt es im Land, die jährlich 810.000 Tonnen Aluminium produzieren (2014). Damit steht Island an elfter Stelle der Welt, weit vor Deutschland, wo 2014 gerade 500.000 Tonnen gefertigt wurden.

Der wichtigste Aluminiumrohstoff, Bauxit, kommt in Island allerdings nicht vor, er wird meist aus Brasilien oder Australien herangeschippert. Dass sich dieser Warentransfer lohnt, daran ist die Tatsache schuld, dass die Aluminiumproduktion vor allem immens energiebedürftig ist. Und Strom wird in Island kostengünstig geliefert. Für das Werk in Ostisland wurde extra ein neues Wasserkraftwerk gebaut. Allein der Bau des riesigen Kárahnjúkar-Damms war ein Politikum. Mit einer Länge von 750 m und einer maximalen Höhe von 193 m ist es das größte Bauwerk Islands und höher als der Drei-Schluchten-Damm in China. Mit dem Damm wird der Stausee Hálslón aufgestaut, der heute 57 km^2 isländische Wildnis bedeckt. Es ist der bisher massivste Eingriff in die isländische Landschaft, welche Langzeitfolgen sich daraus ergeben – keiner weiß es. Die Proteste gegen den Kraftwerksbau waren laut, aber verhallten folgenlos in den Ohren von Politik und Wirtschaft.

Das Werk bei Hafnarfjörður gehört Alcan und ist das zweitgrößte, das dritte Werk bei Grundartangi im Westen steht unter der Leitung von Norðurál. Vor allem kurz nach dem Bankeneinbruch und der Wirtschaftskrise mit der für isländische Verhältnissee hohen

Arbeitslosigkeit wurde der Ruf nach weiteren Aluminiumschmelzen immer lauter, geplant war ein Werk im Norden und ein weiteres bei Keflavík. Aus dem Werk im Norden ist jetzt eine Anlage für die Siliziummetall-Produktion geworden, Baubeginn war im Sommer 2015.

Wenn man weiß, welche Umweltbelastung und welch hoher Energieverbrauch mit der Aluminiumproduktion einhergehen, dann muten die Slogans von der unberührten Natur schon etwas befremdlich an.

Amerikaner
Vom Besatzer zum Besitzer

»Amerika, Du Land der Sehnsucht« – zumindest galt das für viele Isländer im 19. Jahrhundert, aber als Besatzer wollte man die GIs im 20. Jahrhundert nicht im Land haben. Als der Keflavík-Vertrag nach dem Zweiten Weltkrieg in Kraft trat, bestanden die Isländer darauf, dass die GIs im »Ghetto« bleiben.

Am 10. Mai 1940 besetzten britische Truppen Island, die Isländer sahen darin einen Verstoß gegen ihre Neutralität. Die Alliierten begriffen sich als Schutz vor den Deutschen, die einen Monat zuvor in Dänemark einmarschiert waren. Ein Großteil der Truppen war in Reykjavík stationiert, im Hvalfjörður, nördlich der Hauptstadt, wurde eine Marinebasis errichtet. Dass die Bevölkerung protestierte, verwundert nicht, waren es doch 25.000 Soldaten, die plötzlich im Land waren und damit rund ein Viertel der Einwohnerzahl stellten. Ein Jahr später übernahmen die USA den Schutz und die Amerikaner begannen sofort mit dem Bau einer Militärbasis in Keflavík sowie einem weiteren Flughafen im Norden. Es setzte ein Bauboom ein, und die Arbeitslosigkeit im Lande sank. Außerdem stieg der Preis für Fisch auf dem ausländischen Markt, kurz: Island erlebte eine ökonomische Blütezeit. »*The blessing war*« nennen einige den Zweiten Weltkrieg.

Nachdem der Krieg vorbei war, sollten die Beschützer eigentlich abziehen, aber die US-Regierung wollte weiterhin im Land bleiben, denn die Vorboten des Kalten Krieges zeigten sich und Island lag strategisch günstig. Die Bevölkerung protestierte, denn sie wollte keine Fremden im Land. 1946 unterschrieb die damalige Regierung den Vertrag, der den Isländern den Flughafen Keflavík überschrieb und den Amerikanern die Nutzung für Truppentransporte nach Deutschland einräumte. Anfang der 1950er-Jahre wurde der Flughafen von den USA wieder militärisch genutzt; im Zuge des Kalten Krieges wurden dort erneut Soldaten stationiert. Doch dieses Mal durften sie sich nur auf ihrer Basis bewegen, es gab ein striktes Verbot, in die Stadt zu gehen.

Arctic Henge

Die Welt der Edda in Stein

Hoch im äußersten Nordosten, da wo sich die Füchse »Gute Nacht« sagen, liegt ein kleiner Fischerort: Raufarhöfn. Die weite Ebene auf der namenlosen Halbinsel heißt Melrakkaslétta (Fuchsebene) und gehört zu den unbeachteten Regionen im Land.

Erlingur Thoroddsen hatte eine Idee. Zunächst hat er in Raufarhöfn die ehemalige Unterkunft der Heringsarbeiterinnen in ein einladendes Hotel verwandelt. Spröde von außen, aber gemütlich innen. Wenn er auch noch kochte, hatte man den besten Platz der Welt. Hier, nur knapp südlich des Polarkreises, gibt es die schönsten und längsten Sonnenuntergänge sowie die eindrucksvollsten Polarlichter. Doch Erlingur wollte mehr, wenn schon die Fischfabrik schwächelte, so sollte doch der Tourismus helfen. Und dafür brauchte es eine Attraktion: Arctic Henge.

2006 zeigte er uns die Pläne und fuhr mit uns zu einem Steinbruch. Diese Felsbrocken sollten die Grundlage für

sein Arctic Henge werden, hier sollte das Sonnenlicht eingefangen werden. Ein Kreis von 54 Metern Durchmesser mit zwei Mauern und vier Toren in den jeweiligen Himmelsrichtungen. Das Ganze war inspiriert von der Edda, der »Weissagung der Seherin«. Die Verse benennen alle Zwerge der Götterwelten und künden vom Anfang und dem Ende der Welt. Erlingur sah in seinem Modell vor, die Zwerge durch kleine Säulen in den Mauern zu symbolisieren – ein fantastischer Plan, dem lediglich das Geld für die Umsetzung fehlte.

Der stetig schrumpfende Ort Raufarhöfn fiel als Sponsor aus, weitere Geldgeber waren und sind nicht in Sicht. So zog sich das Projekt hin, aber dennoch: Jedes Jahr wächst der Steinkreis etwas weiter. Heute stehen ein vierbeiniger Turm im Zentrum und die vier Tore, deren Bögen die Sonne einfangen und ihr einen besonderen Rahmen geben. Tragischerweise braucht das Projekt dringend einen neuen Spiritus Rector, denn Erlingur ist im Dezember 2015 unerwartet verstorben.

Asche für alle
Vom Winde verweht

Island machte mit seinen letzten Vulkanausbrüchen – 2010, 2011 sowie 2014/2015 – auch in Europa Schlagzeilen. Doch das Phänomen der zerstörerischen Aschewolken ist bzw. war nicht neu. Der heftigste Ausbruch der Neuzeit war 1783 bei der verheeren Laki-Eruption.

Fast jeder erinnert sich noch an die Meldungen über den Vulkanausbruch des Eyjafjallajökull, ein Zungenbrecher, an dem fast jeder Sprecher scheiterte. Zunächst begann es mit einigen Erdbewegungen und kleineren Ausbrüchen, bevor in der ersten Ausbruchsphase eine Eruptionswolke folgte, die auf 4.000 m Höhe anstieg und am nächsten Tag gar 7.000 m erreichte. Bei der zweiten Phase erreichten die Ausbruchswolken 8.000 m Höhe und kamen am 16. April bis nach Polen. Das war die Zeit, als der Flugverkehr über Europa eingestellt wurde, da man die Gefahr sah, dass die Aschepartikel Turbinen beschädigen könnten. Die Aschewolken und der mit ihnen transportierte Feinstaub ließen sich bis nach Zentralasien nachweisen.

Trotz der schwierigen Situation im Land, denn vor allem die Höfe in Südisland waren schwer vom Ascheniederschlag betroffen, spottete man gegen Europa: »Ihr wolltet doch unsere Asche.« Die Isländer spielten auf die noch schwelenden Auseinandersetzungen zwischen den geschädigten Anlegern der bankrotten isländischen Banken und dem Staat an. Tja, plötzlich gab es Asche für alle, heute kann man sie in kleinen Flaschen kaufen.

Letztlich war der Schaden für Europa aufgrund des Vulkanausbruchs recht überschaubar. Ganz anders war das bei dem Laki-Ausbruch 1793. Rund ein halbes Jahr dauerte der Lavaaustritt, der am Ende ein 560 km² großes Lavafeld geschaffen hat. Viel schlimmer waren allerdings mehrere Millionen Kubikmeter Tephra – erstarrte Lavamasse –, die weiter über das Land geschleudert wurden. Bei der Entgasung entstanden Millionen Tonnen Schwefel- und Salzsäure, die mit dem ganz feinen Staub eine riesige Aerosolwolke bildeten. In Island wurden Wasser und Wiesen vergiftet und die Heufelder zerstört. In der Folge kam es zu einer Hungersnot, 50 % des Viehbestandes und 20 % der Bevölkerung verhungerten. Die Wolken trieben weit über Nordeuropa und führten zum Beispiel auch im Norden Schottlands zu massiven Ernteschäden. In den Niederlanden roch die Luft nach Schwefel und dichte Wolken lagen über Frankreich. Auch dort kam es später zu Hungersnöten.

Über 250 Ausbrüche hat es seit dem Beginn der Besiedlung vor knapp 1.200 Jahren gegeben. Viele von ihnen haben in ihren Folgen die Landschaft stark verändert: riesige Lavaflächen, Aschegebiete oder die Sanderflächen in Südisland, die aufgrund von Schwemmsand und Gletscherläufen entstanden sind. Aus einst fruchtbaren Gebieten wurde Ödnis.

Askja
Das Geheimnis im tiefen Blau

Die Askja inmitten des Dyngjufjöll-Massivs im Hochland ist der Archetypus einer Caldera. Sie ist mit einem Durchmesser von 8 km und einer Oberfläche von rund 50 km^2 ungewöhnlich groß. Im Zentrum liegt der See Öskjuvatn, geheimnisvoll und tief.

Nicht nur für Geologen ist die Askja ein attraktives Ziel. Das Bergmassiv, in dem die Caldera liegt, ragt aus dem Hochland empor und liegt nördlich des Vatnajökulls. Wenn man am Rand entlangläuft, wirkt das Massiv so friedlich, kaum zu glauben, dass hier 1875 einer der verheerendsten Vulkanausbrüche des Landes stattgefunden hat. Erste Vorläuferbeben leichterer Art gab es schon 1874, doch am 2. Januar 1875 waren sie so stark, dass Häuser bei Möðrudalur, etwa 70 km weiter nördlich, einstürzten. Der Hauptausbruch ereignete sich drei Monate später. Riesige schwarze Aschewolken stiegen auf und große Mengen von rhyolitischem Bimsstein – etwa 2 km^3 – wurden bis nach Ostisland getragen und erreichten schon am nächsten Abend Südschweden. 10.000 km^2 wurden von der Vulkanasche bedeckt, Weiden und Wiesen erstickten darunter, die Folge waren Hungersnöte und Verarmung.

Bei diesem Ausbruch entstand auch der See Öskjuvatn. Das marineblaue Wasser bewegt sich selten, und mit 220 m ist er der zweittiefste See im Land. Auf seinem Grund ruht ein tragisches Geheimnis. Am 10. Juli 1907 hatten sich der deutsche Geologe Walther von Knebel und der Berliner Maler Max Rudloff mit einem Faltboot zu einer Erkundungstour auf dem See aufgemacht. Vermutlich hielt das Boot aus Segeltuch die Fahrt nicht durch und beide ertranken. Spätere Nachforschungen, die Knebels Verlobte Ina von Grumbkow mit Hans Reck vornahm, brachten keine Erkenntnisse über den Hergang des Unglücks. Gelöst wurde das Rätsel bis heute nicht, denn weder die Leichen noch das Boot sind jemals geborgen worden.

8 Aufforstung
Aus Eisland wird Grünland

Einer der ersten Eindrücke von Island: Hier gibt es ja fast keine Bäume und keine Wälder. Das mag für den Mitteleuropäer aus waldigem Land so scheinen, stimmt aber nicht. Es gibt zahlreiche kleine Wälder, allein manche der gepflanzten Bäume sind gerade kniehoch. Das wird sich aber gewaltig ändern, denn schon heute kann man durch Wälder streifen.

Fossilfunde belegen, dass Island vor rund 5–15 Millionen Jahren bewaldet war. Die Eiszeiten haben das zunichte gemacht. Als die ersten Siedler vor knapp 1.200 Jahren kamen, bedeckten Birken und kleine Wälder 25–40 % der Inselfläche. Viele Ortsnamen weisen bis heute darauf hin, die Namensteile »mörk« und »skógar« bedeuten beide »Wald«.

Die Siedler fällten viele der Bäume, um Platz für Tiere und Landwirtschaft zu schaffen. Durch die Jahrhunderte fand ein kontinuierlicher Prozess der Entwaldung statt. Die erste Phase der beginnenden Wiederaufforstung startete 1899 und war ein bis 1950 dauerndes Projekt. Die ältesten Wiederaufforstungsgebiete liegen am See Þingvallavatn und im Osten in Hallormsstaður. Auch in jüngeren Jahren wurde aufgeforstet, zwischen 2007 und 2009 wurden jährlich bis zu 6 Millionen Setzlinge gepflanzt. Den Erfolg dieser Zeit sieht man vielerorts in Form von umzäunten kleinen Grundstücken mit Baumbestand. Aufgrund der Wirtschaftskrise in 2008 wurde die staatliche Förderung drastisch gekürzt, sie betrug 2013 nur noch die Hälfte der Unterstützung von 2005.

Einen Baum zu pflanzen, gehörte über Jahre zum Pflichtprogramm ausländischer Staatsgäste. Im Nationalpark Þingvellir in der Nähe des Þingvallavatn befindet sich der »Wald der Freundschaft«. Hier griffen die illustren Gäste – Königinnen, Könige, Präsidenten usw. – zum Spaten und gruben ein Loch für den Setzling. Angeregt und gefördert hat das die frühere Präsidentin Vigdís Finnbogadóttir. Es ist schon hübsch anzusehen, wie die Damen in feinen Lederhandschuhen und Highheels graben. Aber auch internationale Jugendvereinigungen kamen regelmäßig ins Land, um hier Bäume zu pflanzen.

Immerhin, heute bedecken natürlicher Baumbestand und kultivierter Wald 1.530 km^2, das sind 1,5 % der isländischen

Gesamtfläche. Das mag nicht viel klingen, aber rund 65.000 km^2 sind eh Schotter- und Lavawüste, da wächst schon mal nicht viel, weitere 12.000 km^2 sind vergletschert. D. h. die überhaupt bepflanzbare Fläche reduziert sich damit auf knapp 27.000 km^2, der bewaldete Anteil käme dann auf rund 6 %. Der Plan für die Zukunft ist, dass 2100 wieder 12 % der Insel bewaldet sind.

Das anfallende Holz wird heute schon wirtschaftlich genutzt, aber viel entscheidender ist der Wohlfühlwert der Wälder. Isländer lieben ganz offensichtlich ihre Bäume, zwischen denen sich jetzt gut spazieren lässt. Wer heute noch einen Witz über den isländischen Wald macht, der wird das Herz der Isländer nicht gewinnen. Wie zum Beispiel diesen: »Was macht man, wenn man in Island im Wald verloren geht? Aufstehen!«

Kinder erleben den Wald von Hallormstaður

9 Aurora Borealis
Nordlichtbegeisterung

Sie beginnt im September und dauert bis in den Februar, die Zeit der Aurora Borealis. In den klaren Nächten erlebt man einen verzaubernden Himmel, tanzende Schleier in den intensivsten Grüntönen.

Jedes Jahr reisen viele Menschen in die Länder der nördlichen Hemisphäre, um dieses Schauspiel zu erleben. Seit Jahrtausenden beobachten die Bewohner des Nordens diese mystischen Himmelsbewegungen und suchen seit jeher nach Erklärungen. Mal waren es die tanzenden Seelen der Toten oder die spielenden Geister, auf jeden Fall deutete man es als eine übernatürliche Erscheinung.

Heute weiß man, dass es sich um das Zusammentreffen der Sonnenwinde mit dem erdmagnetischen Feld handelt. Doch das

erklärt nicht den Zauber. Der dunkle Himmel verfärbt sich Grün und Schleier bewegen sich. Mal zeigen sich Faltenwürfe, dann ist fast alles um einen herum hellgrün, fast phosphoreszierend. Die Bögen ziehen sich zusammen, tanzen in Kreisen, ein Kommen und Gehen.

Am beeindruckendsten sind die Nordlichter im Hochland oder in Regionen mit wenigen künstlichen Lichtern. Aber selbst in den Städten lassen sie sich manchmal gut sehen. Natürlich wissen die Isländer um diesen »Schatz« und vermarkten ihn mit entsprechenden Ausflügen. Einige Hotels haben sogar kleine Türme auf das Dach gebaut, damit man windgeschützt und warm zuschauen kann.

10 Basalt
Mehr als Stein

Dieses wunderschön geformte Ergussgestein begeistert nicht nur Geologen und Fotografen, sondern inspiriert auch Künstler wie den isländischen Architekten Guðjón Samúelsson.

Das häufigste Gestein in Island ist das basische Ergussgestein Basalt. Der Geologe unterscheidet verschiedene Formen, doch für den Laien ist sicher die alte Feldeinteilung ausreichend. In dieser gibt es die dichten, dunklen Basalte und die feinkörnigen, grauen, häufig »Dolorit« genannten. Aber interessiert den Laien die Genauigkeit der Geologen? Eher nicht. Nein, wir sind von den Säulen fasziniert und oft genug bezeichnen wir ja auch nur eben diese als Basalt.

Die Säulen sind ein Abkühlungsphänomen, entstanden durch langsame Abkühlung. Meist stehen die Säulen senkrecht zur Abkühlungsfläche und Lagergängen, sogenannten Intrusionen. Die waagerechten Verläufe findet man in steilen Gängen. Wenn Abkühlungsflächen gewölbt sind, stehen die Säulen fächerförmig. Die Formenvielfalt ist beeindruckend – viele glauben, dass man ausschließlich sechseckige Säulen findet, doch es gibt zahlreiche Ausnahmen.

Die schönsten Gebilde findet man zum Beispiel in Skaftafell, dort gibt es eine Basaltwand, heute fast schwarz, mit dem Wasserfall Svartifoss davor. Im Süden, westlich von Vík auf der Nehrung Dyrhólaós, begeistert eine beeindruckende Basalthöhle. Eine weitere Höhle ist Hljóðaklettar im Norden, die zudem noch eine ausgezeichnete Akustik hat.

Diese Naturschönheiten faszinieren und inspirieren, wie der Staatsarchitekt Guðjón Samúelsson mit seinen Bauten bewiesen hat. Von ihm stammen die Hallgrímskirche und das Nationaltheater in Reykjavík sowie die Kirche in Akureyri. Wie große Fächer schmiegen sich die Säulen an den Turm der Hallgrímkirche, im Zuschauerraum des Nationaltheaters hängen die Säulen von der Decke herab. Samuélssons Bestreben war es, eine isländische Architektur zu entwickeln, und logischerweise benutzte er dafür Basalt – oder Beton – und wählte die typischste Form: die Säule.

11 Beheizte Bürgersteige
Warme Füße im Winter

Wenn man schon warmes Wasser in großer Menge hat, weil es direkt temperiert aus der Erde kommt, dann sollte man diesen Luxus auch nutzen. Vor allem in Reykjavík erfreut man sich daher an einigen eisfreien Bürgersteigen.

Es kann in Island im Winter durchaus lange Frostperioden geben, und dann ist es natürlich schön, wenn man eisfreie Bürgersteige hat. Ganz ohne menschliches Zutun schafft man das nur durch die isländische Bürgersteigheizung, gespeist von heißen Quellen. Doch diesen Luxus gibt es nur für die Einkaufsstraße Laugavegur und die Fußgängerbereiche in Reykjavík.

Jenseits der automatischen Eisbefreiung gehen die Isländer entspannter mit dem Problem um. Natürlich legen die Geschäfte Wert darauf, dass die Kunden auch im Winter kommen, ohne sich dabei die Beine zu brechen. Bei den Privatleuten sieht es ganz anders aus. Einige sorgen dafür, dass ihre Garagenzufahrt frei ist und entsprechend auch die Wege zum ihrem Haus, aber die Bürgersteige interessieren meist weniger. An manchen Tagen stolpert man über das aufgeworfene, angetaute und wieder gefrorene Eis. Das sind dann auch die Zeiten, in denen man keine älteren Leute auf der Straße sieht. Geräumt werden nur die Straßen und für den Fußgängerbereich besteht keine Verpflichtung. Meine klare Empfehlung: mehr Heizungen für draußen!

Heißwassertanks in Reykjavík

Bier
Nordischer Gerstensaft

Isländer lieben Bier, und die Aufhebung des Bierverbots 1989 war ein großes Fest im Land. Bier gehört neben Milch und Kaffee zu den beliebtesten Getränken, 62 % des Alkoholkonsums im Land wird mit Bier bestritten.

Bis 1989 gab es nur wenige Plätze mit Lizenzen für Alkoholausschank. Im Grunde war es verboten, so als fürchtete die Regierung den Sittenverfall der Bevölkerung. Botschaftsmitarbeiter durften Bier ins Land bringen und Angestellte von Airlines oder Seeleute betrieben nicht selten lukrativen Schmuggel. Die Aufhebung des Bierverbots hat das gesellschaftliche Leben schlagartig verändert. Wie Pilze schossen Kneipen in Reykjavík, Akureyri, Hafnarfjörður und mehreren anderen Städten aus dem Boden. Plötzlich wurde Reykjavík zur angesagten Partystadt.

Ein Blick in die Geschichte zeigt, dass schon die ersten Siedler Bier brauten und auch Met ansetzten, doch aufgrund der klimatischen Verschlechterung, der sogenannten kleinen Eiszeit (ab 1300 bis ins 19. Jahrhundert), konnte keine Gerste mehr angebaut werden. Die erste Brauerei Ölgerðin wurde 1913 von Tómas Tómasson gegründet und blieb bis 2000 in Familienbesitz. Tómas erlernte die Braukunst in Kopenhagen und Deutschland. Mit dem Leichtbier *Egils Pilsner* fing alles an und entwickelte Ölgerðin zu einem großen Getränkeunternehmen, in dem neben unterschiedlichsten Biersorten auch Erfrischungsgetränke produziert werden. Sehr erfolgreich versorgte die Brauerei sowohl die britischen Truppen als später auch die amerikanischen mit Bier. Seit 1989 ist das weitverbreitetste isländische Bier *Egils Gull.*

Heute gibt es zahlreiche Mikro-Brauereien über das Land verteilt, die alle ausgezeichnetes Bier brauen. Man experimentiert mit den Ingredienzien, so darf es auch mal Schokolade sein. Die Qualität des Bieres beruht natürlich auf dem Wasser des Landes. Die einen schwören auf Gletscherwasser und die anderen auf Bergquellwasser.

Björk
Das isländische Superphänomen

Björk ist sicher weltweit die bekannteste isländische Künstlerin, eine äußerst begabte Musikerin, die auch als Schauspielerin reüssierte. Die Isländer lieben sie, denn sie hat durch ihre Musik und ihre Popularität viel zur Bekanntheit des Landes beigetragen.

Björk ist nicht nur *die* isländische Ikone, sondern auch in Musikkreisen eine herausragende Erscheinung. Schon mit 14 Jahren gründete sie ihre erste Band, eine Mädchenband, doch richtig bekannt wurde sie mit den Sugarcubs 1988. In dem isländischen Dokumentarfilm *Rókk í Reykjavík* aus dem Jahr 1982 sieht man eine sehr kindliche Björk mit einer relativ hohen Stimme, die zu ihrem Markenzeichen werden sollte. Im Verlauf ihres Musiklebens erfand sie sich immer wieder neu, probierte viel aus. Sie wurde bekannt mit isländischen Texten, die u. a. von befreundeten Autoren verfasst wurden.

1992 startete sie ihre Solokarriere und zog nach London, war aber nach wie vor regelmäßig in Island. Für die internationale Presse war sie die isländische Elfe. Hinzu kamen ihre Kostüme und ihre Performances für die Videos, die sie als Gesamtkunstwerk präsentierten. Auch ihre Kleider bei einigen Preisverleihungen fielen auf, so das legendäre Schwanenkleid 2001 bei der Verleihung für den besten Filmsong.

So naiv und verwirrt sie manchmal auch wirkt, so z.B.im Interview mit Jay Leno in seiner *Tonight Show*, so klar und eindeutig bezog und bezieht sie Stellung zu Umweltfragen in ihrem Land. Auch Björks Mutter nutzt die Popularität und kämpfte z. B. mit einem Hungerstreik gegen den Bau des Kárahnjúkar-Staudamms im Nordosten. Aktuell unterstützt Björk den Kampf für einen Nationalpark im Hochland.

Björks Unangepasstheit in ihrer künstlerischen Arbeit und ihre Liebe zur Natur ihres Landes machen sie zu der Verkörperung Islands.

Blaue Lagune

Eintauchen in den Wundersee

Wer kennt sie nicht, die Bilder mit den leicht lasziv lächelnden jungen Frauen im Bikini mit einem Long Drink in der Hand und weißem Schlamm im Gesicht? Im Hintergrund schimmert türkisfarbenes, opakes Wasser mit leicht aufsteigendem Dampf. So sieht es aus, das klassische Wohlfühlbild von Island, aufgenommen in der Blauen Lagune.

Entstanden ist dieser See, als man 1976 das geothermische Kraftwerk Svartsengi baute. Man nutzt damals wie heute das heiße Wasser der mineralhaltigen Quellen, die im dortigen Hochtemperaturgebiet vorkommen, um Frischwasser zu erhitzen. Dieses Frischwasser wird anschließend in die Heizungen eingespeist, das mineralhaltige Quellwasser fließt nach Gebrauch in die Lava.

Faszinierend war der dadurch entstandene See von Beginn an, undurchsichtig Blau schimmernd wirkte er geradezu geheimnisvoll. Mit der Zeit kühlte das Wasser ab, und damit begann die Erfolgsgeschichte der »Blauen Lagune«: Jemand nahm ein Bad. Erst einer, dann zwei und dann ganz viele. Man baute ein Hotel in der Nähe und richtete 1981 ein Haus mit Umkleidekabinen und Duschen ein. Die alte »Blaue Lagune« war ein See mit Stolperuntergrund und einigen Stellen, die so heiß waren, dass die Haut ein Hummerrot annahm. Schnell zeigte sich, dass die Mineralienzusammensetzung heilende Wirkung bei Schuppenflechte hatte. Doch der Reiz des Sees war seine Umgebung, wenn aus den Dampfwolken die stählernen Kühltürme des Kraftwerks auftauchten: Es wirkte irreal, in waberndem Weiß-Blau.

Irgendwann war dieses Bad Kult und die Besucherzahlen stiegen derartig, dass die Einrichtungen nicht mehr ausreichten. Seit 1999 gibt es nun das architektonisch gelungene Bad, das sich wunderbar in die Lava fügt. Sigríður Sigþórsdóttir ist die Architektin, die allein für den Innenbereich 70.000 Lavabrocken verarbeiten ließ. Eine Mischung aus Natur und High-Tech bietet sich dem Besucher. Der See wurde entfernt vom Ursprung künstlich angelegt – damit verschwand leider die Kraftwerk-Kulisse – doch der Untergrund ist nun angenehm eben und das Wasser hat konstante 38 °C.

15 Brot aus der Erde

Backen leicht gemacht

Wer braucht schon einen Backofen, wenn die Erde noch dampft und brodelt? Erdwärme kann man sehr vielfältig nutzen – auch zum Backen, wie man in Island schmecken kann.

Es gibt ein dunkles, recht süßes Brot, das vom Geschmack und seiner etwas klebrigen Konsistenz her an den deutschen Pumpernickel erinnert. Den Brotteig legt man in einen meist rechteckigen Topf oder in die beliebte Mackintosh-Konfektdose und vergräbt ihn für ein bis zwei Tage in der warmen Erde. Anschließend kann man das fertige Brot wieder ausgraben. Der jeweilige Topf oder das Behältnis gibt die entsprechende Form vor.

Diese Backweise funktioniert natürlich nur in den Regionen, wo die letzten Vulkanausbrüche noch nicht so lange her sind, wie z. B. in dem Gebiet am See Mývatn im Norden oder auf der Insel Heimaey im Süden. Das süße Brot schmeckt ganz ausgezeichnet in Kombination mit der Mývatn-Forelle, die besonders kräftig geräuchert wird. Eine andere, für Mitteleuropäer sehr spezielle Kombination besteht aus Hákarl – dem fermentierten Hai – und einem Glas Brennivín (siehe Seite 214).

Da das Brot etwas klebrig ist, ist es nicht immer einfach in Scheiben zu schneiden. Vermutlich hatte sich das auch der Bäcker von Heimaey gedacht. Vor etlichen Jahren kam der spanische König zu Besuch nach Heimaey und interessierte sich u. a. auch für das Brot aus der Erde. Alles war abgesprochen, aber dann stellte sich am Morgen des Besuchstages heraus, dass vergessen worden war, rechtzeitig den Brotteig zu vergraben. Also bat der Bürgermeister den Bäcker, ein fertiges Brot in einem Topf in die warme Asche zu legen, damit es dann beim Besuch entsprechend wieder ausgegraben werden konnte. Der Besuch verlief prächtig und der ganze Tross an Ehrengästen kam zu der Stelle, wo das Brot sich in der Asche befand. Man grub es aus, und als der Bürgermeister es dem König reichen wollte, stellte er fest, dass es – oh Wunder – schon geschnitten war.

PS: Wer das Brot selbst backen möchte, findet das Rezept für den Teig im *Island-Kochbuch* von Maike Hanneck, 2004. Im Backofen bei 100 °C braucht der Teig 24 Stunden.

Leitungen in der warmen Lava-
asche des Eldfell (Heimaey)

Bücher schreiben
Ein literarisches Land

Island ist das Land der Bücher und hat immer noch die höchste Buchproduktionszahl pro Einwohner. Man schreibt und schreibt, aber es wird auch viel gelesen, vor allem in den finsteren Zeiten.

Man rieb sich die Augen, was Island 2011 als Gastland der Frankfurter Buchmesse zu zeigen hatte. Sinnigerweise wählte man für die Präsentation gemütliche Nischen, in denen über Bildschirme Isländer in ihren häuslichen Leseecken zusehen waren. Bücher sind ein Stück Lebensgefühl und entsprechend findet man keinen Haushalt ohne Bücher. Bei den Werken muss es sich nicht um die etablierten Autoren des Landes oder der Welt handeln, sondern es kann auch der Bauer Jón aus dem gleichen Distrikt sein. Gerne liest man über Leute und Regionen, die man kennt. Das war in den früheren Jahren sicher noch beliebter als heute, als die Zahl der Kleinverlage mit wenigen Büchern hoch war. Der Vertrieb ist recht einfach in so einem kleinen Land, man kann die Leute entweder anrufen oder per E-Mail anschreiben.

Bücher und Literatur waren oft ein Trost, auch während der dänischen Kolonialzeit. Man konnte Geschichten vorlesen oder erzählen und vor allem die alten Verse rezitieren. Kurz nach der Finanzkrise 2008 erhielt das Buch erneut diesen Status. Die Isländer besannen sich auf ihre nationalen Werte und verschenkten noch mehr Bücher zu Weihnachten als sonst. Lesen als Trost. Der Verleger des größten Verlages des Landes zählte damals zu den Krisengewinnern.

Mittlerweile ist der Stellenwert der Literatur auch weltweit anerkannt: Seit 2011 hat Reykjavík den Status der »Literaturstadt der UNESCO«.

Jón Sveinsson, der Autor der *Nonni*-Bücher

Camping
Das mobile Zuhause

Klar, Zelten ist die praktischste und auch preiswerteste Form der Übernachtung in Island, aber hier geht es um die Leidenschaft der Isländer. So tummeln sich in den Sommermonaten recht viele auf den Zeltplätzen des Landes.

»Wochenend' und Sonnenschein« – oder auch Regen, auf jeden Fall gilt es, aus der Stadt hinaus zu fahren. Beliebtes Ziel bei den Jungen: die Zeltplätze in Þórsmörk. Die Älteren lieben den Komfort und haben häufig einen Zeltanhänger. Die Zeltanhänger wurden zu Zeiten des Camping-Booms – 2004 bis 2008 – fast von jedem gekauft, sie gehörten quasi zur häuslichen Ausstattung, entsprechend gab es zahllose Anbieter. Nach dem Crash 2008 blieben viele Anbieter darauf sitzen, und heute werden sie einfach an die Touristen verliehen. Dennoch haben viele Isländer diese praktische Unterkunft, denn derjenige, der den Anhänger sein eigen nennt, kann recht bequem im Lande Urlaub machen. Auch das ist ein Trend, der sich nach 2008 wieder mehr durchgesetzt hat. Die Krone war zu schlecht bewertet, um Devisen zu kaufen. Als ich die ersten Isländer mit Zeltanhängern sah, hatte ich vor allem meinen Spaß dabei, sie beim Aufbau zu beobachten. So einfach ist es nicht, vor allem sollte man das große, ausgeklappte Zelt auch ordentlich befestigen, damit das gute Stück bei Sturm nicht in Schifflage gerät. Mein kleines Wanderzelt war schnell aufgebaut – natürlich nicht so bequem und luxuriös. Die anderen quälten sich noch mit ihrem Falthaus. Aber die Ausstattung ist manchmal schon erstaunlich, und viele nehmen natürlich richtiges Geschirr, die Sofakissen und den Grill mit.

Der Nachteil dieser Urlaubsform: Auf einigen Zeltplätzen stehen sie dicht an dicht, Platz für Kleinzelte findet sich nicht. Aber wir wissen ja schon lange: Das nennt sich Urlaub.

Dänemark
Der böse Kolonialherr wird zum Freund

Das Verhältnis zu Dänemark war über Jahrhunderte eine eher leidvolle Geschichte. Erst in den letzten Jahrzehnten hat es sich normalisiert und beide Länder sind gleichwertige Partner. Dennoch – wenn immer ein sportlicher Wettkampf gegen Dänemark ausgetragen wird, so ist es etwas Besonderes.

Über 500 Jahre war Island eine Kolonie bzw. ein Teil von Dänemark. Alles begann damit, dass die Isländer sich 1262 entschlossen, den Norwegischen König als Herrscher anzuerkennen. Das war zwar freiwillig, aber der König drohte mit wirtschaftlichen Sanktionen. Beide Länder schlossen daraufhin den Alten Vertrag *(Gamli sáttmáli)* ab. Rund hundert Jahre später verschoben sich die Machtverhältnisse und die skandinavischen Länder sowie die Inseln des Nordatlantiks – Island, Grönland, Färöer, Shettland und Orkneys – wurden Teil des dänischen Reiches. Nach der Reformation führte König Christian III. die Staatskirche ein und setzte sich selbst an ihre Spitze. Infolge kassierte er den Besitz der Kirchen und Klöster ein. Die Isländer kämpften dagegen an, aber vergebens.

Der völlige Niedergang der Isländer begann im 17. Jahrhundert. Zunächst verhängte der König 1602 ein absolutes Handelsmonopol, die Isländer konnten nur noch Waren über Dänen beziehen. Es gab Hungersnöte aufgrund von kalten Wintern, Piratenüberfälle und dann im 18. Jahrhundert noch mehrere Vulkanausbrüche. Zuletzt umfasste die Bevölkerung gerade einmal 40.000 Menschen. Die vom König eingesetzten Landvogte sorgten sich wenig um das Wohl der Isländer. Es ändert sich erst, als 1749 mit Skúli Magnússon ein Isländer Vogt wurde. Er verhalf dem Volk zu mehr Arbeit. Im Verlauf des Jahrhunderts lockerte der König auch das Handelsmonopol. Von einem freien Leben waren die Isländer aber noch weit entfernt.

Diese Zeit gilt als die dunkle oder schwarze Zeit in der isländischen Geschichte. Eine Phase, in der durch Dänemark nichts Gutes kam. Es sollte noch bis ins 19. Jahrhundert dauern, bis der Freiheitskampf begann.

Der erste Schritt war die vollständige Aufhebung des Handelsmonopols. Island erhielt einen neuen Status und 1904 seinen ersten isländischen Minister, zusätzlich gründete man eine eigene Dampfschifffahrtgesellschaft *Eimskip*. 1918 kam es zum Unionsvertrag zwischen Dänemark und Island, der zunächst für 25 Jahre gelten sollte, mit einer Revisionsmöglichkeit 1940. Glück im Unglück für Island, Dänemark war 1940 von Nazi-Deutschland besetzt, der Kontakt brach ab und die Isländer entschieden, sie würden ab 1944 eine Republik werden.

Nach dem Ende des Zweiten Weltkriegs gab es eine gewisse Verstimmung seitens der Dänen, aber die Isländer hatten jetzt andere Probleme. Es schien, als klopfte der nächste Okkupant schon an die Tür, die Amerikaner (siehe Seite 12).

Isländisch war wieder die offizielle Sprache – zur Kolonialzeit sprach man als gebildeter Mensch Dänisch. Dennoch, in den Schulen war Dänisch bis in die 1990er-Jahre die erste Fremdsprache, jetzt ist es Englisch. Die wirtschaftlichen und politischen Beziehungen zu den nordischen Ländern sind heute eng, viele Isländer studieren immer noch in Kopenhagen, doch die Hinwendung nach USA und Kanada ist deutlich. Insgesamt haben sich die Beziehungen normalisiert, besonders die junge Generation hat keine Ressentiments mehr. Und seitdem alle Manuskripte aus Dänemark zurück sind, fühlt man sich ganz okay. Dennoch: Als in der Boomphase isländische Banken Anteilseigner von dänischen Unternehmen wurden, war das für die Isländer eine besondere Genugtuung. Sie hielt nur nicht lange.

2016 gerieten die Isländer, genauer ihr korrupter Premierminister, wieder wegen Geld in die Schlagzeilen: Stichwort »Panamapapiere«. Der geistreiche Autor Hallgrímur Helgason hat darüber einen exzellenten Artikel verfasst, der wie folgt endet: »Damals (im 16. Jahrhundert) wurde Island von den Dänen ausgeraubt, heute rauben es unsere inneren Dänen aus, die wahren Vampire Islands.«

So ganz ist der böse Däne aus dem isländischen Denken scheinbar noch nicht verschwunden.

19 Design
Nordische Kreativschmiede(n)

Lange Zeit konnte die Frage nach dem isländischen Design mit dem Hinweis auf den Islandpullover beantwortet werden, ergänzt durch das Nationalmuseum, wo altes Kunsthandwerk ausgestellt ist. Seit rund 10 Jahren sieht das anders aus, isländische Designer sind heute international bekannt.

Der isländische Begriff für Design, *hönnun*, kam Ende der 1950er-Jahre auf. Für die breite Entwicklung von Design war eine industrielle Produktion notwendig, womit man in Island erst nach dem Zweiten Weltkrieg begann.

»Wir haben keine große Kontinuität in der Produktion von Möbeln, denn es war immer billiger, Möbel zu importieren, aber wir haben zahlreiche Prototypen und einige von hoher Qualität. Diese Arbeiten zeigen den Einfluss der deutschen Werkbund-Bewegung, von Lloyd-Wright und später der dänischen Designer. In den 1950ern haben einige Isländer bei ihnen studiert«, so der Kunstkritiker Aðalsteinn Ingólfsson zum Möbeldesign.

Immerhin, in den1950er-Jahren kreierten Manfred Vilhjámsson und Dieter Roth den Barhocker schlechthin: Sie benutzten eine Boje und setzten sie in ein Eisengestell – *der* Hocker für eine Insel- und Fischergesellschaft. Doch in die Massenproduktion ging das gute Stück nicht. Ganz anders dagegen der 1983 von Valdimar Harðarson entworfene Stuhl *Soley,* ein leichtes, schlichtes und klappbares Sitzmöbel, das von der deutschen Firma Kusch+Co seit Jahrzehnten erfolgreich produziert wird. In Island selbst wird der Hocker mit Schaffell als ultimativer Sitz angeboten.

Heute arbeiten über 1.000 Designer in Island und ihre Zahl steigt. Dazu zählen Architekten, Möbeldesigner, Landschaftsgestalter, Produkt- und Industriedesigner, Grafiker sowie Modedesigner. Auch wenn es keine lange Tradition gibt, so gab es durch die Jahrhunderte immer Kunsthandwerk; die Technik, Horn zu verarbeiten, ist z. B. jahrhundertealt. Entscheidend für das Selbstverständnis der Designer sind zwei Ereignisse, zum einen die Gründung des Design Centers 2008 und zum anderen der seit 2010 im Frühjahr stattfindende DesignMarch mit Workshops, Shows und Konferenzen.

Isländisches Design ist als Teil der Kreativindustrie zu einem Wirtschaftsfaktor geworden. Das Ministerium für Wirtschaft und Handel unterstützt die Exportbestrebungen der Designer. Der Modebereich hat sich in den letzten 10–15 Jahren schon etabliert, das Interesse an den Kreationen im Ausland wächst und Schuhe von Kron by Kron Kron sind z. B. im Museo Internazionale della Calzatura in der Nähe von Mailand ausgestellt. Viele Modelabels findet man natürlich auch im Internet. Beliebt ist heute ein Materialmix, vor allem gern mit Fischhaut und Rindsleder. Natürlich spielt Wolle eine große Rolle, wobei die Designer hinsichtlich der Verarbeitung – es muss nicht alles gestrickt sein – immer häufiger experimentieren. Nicht weniger interessant ist der Industriebereich, so werden in Island z. B. Prothesen entwickelt, die ein Minimum an Material und ein Optimum an Flexibilität für den Träger haben. Mit diesen Prothesen rannte z. B. Oscar Pistorius von Sieg zu Sieg. (www.icelanddesign.is)

Djúpavík
Fernab kurz vor dem Ende der Welt

Weit im Nordwesten, im nördlichen Teil der Region Strandir, gab es einst eine lebendige und erfolgreiche Heringsfabrik und -station. Nach Jahrzehnten des Stillstands und Verfalls gelang es einer jungen Familie aus Reykjavík, die einsamen Ruinen wiederzubeleben. Sie eröffneten ein Hotel.

Die alte Heringsfabrik ist ein magischer Ort, zum Teil Ruine, dann wieder ein Industriemuseum, rostig, feucht, mit knirschendem Boden. In einigen Räumen werden Bilder ausgestellt und manchmal treten Musikgruppen auf wie z. B. Sígur Rós. An der ehemaligen Anlegestelle liegt das Wrack der MS Suðurland. Die Wohnhäuser sind renoviert, die ehemalige Unterkunft der Arbeiterinnen ist heute das Hotel.

1986 wurde es eröffnet und die fröhliche, flinke Hausherrin lud uns ein, die müden Wanderer aus Hornstrandir. Wir blieben in unserem Zelt in der Nähe des Wasserfalls, aber das leckere Fischgericht mit dem selbstgebackenen Brot ließen wir uns nicht entgehen.

Die Familie kam hierhin, um der Anonymität der Stadt zu entgehen. Lieber die Einsamkeit am Ende der Zivilisation als die Einsamkeit mitten in ihr. Seitdem haben Eva Sigurbjörnsdóttir und Ásbjorn Þorgilsson den Ort zum Leben erweckt, trotz der manchmal schwer zu befahrenen Passstraße. Regelmäßig kommen die Besucher und erliegen dem Zauber der Geschichte, der Stille, dem Irgendwo. Vielleicht liegt es auch daran, dass hier, in der Region Strandir, früher Zauberer lebten und wirkten. Vielleicht ein verwunschener Ort?

Und vielleicht ist das der Grund, warum Djúpavik zu den besonderen Hotels der Welt zählt. (www.djupavik.is)

Hotel

21 Do-it-yourself
Viele kleine Baumeister

Die »Bauhaus«-Bewegung ist in Island mindestens so groß wie in Deutschland, und sogar diese Baumarktkette hat auch eine eigene Filiale. Ein Besuch in den zum Teil riesigen Geschäften von Húsasmiðan ist ein Vergnügen, nicht nur für bastel- und baufreudige Männer.

Als ich in Island lebte, gehörte es zu einem meiner Vergnügen, den meiner Wohnung gegenüberliegenden Baumarkt zu beobachten. Kaum war es etwas wärmer, sprich der »Sommer« war ausgebrochen, herrschte ein reges Kommen und Wegfahren auf dem Parkplatz. Die Wochenenden standen ganz im Zeichen des Ausbaus. Die einen verschönerten ihre Terrasse oder ihren Balkon, andere arbeiteten am Sommerhaus oder an der Renovierung der Wohnung. Interessant war, wie viel die Leute – genauer: meistens Männer – einkauften, häufig kleine Tüten mit wenigen Sachen, Schrauben, Hammer oder Sägen, manchmal auch nur eine Leiste. Dafür kamen sie dann gern häufiger an einem Tag.

Der Transport von längeren Brettern oder Leisten gestaltete sich nicht selten fantasievoll und entsprach in keiner Weise deutschen Regeln. In einem Fall hielt der Beifahrer die Hölzer einfach draußen fest. In einem anderen wurden sie unter dem Auto befestigt, ein anderer ließ die Latten einfach aus dem Kofferraum ragen, vielleicht mit einem kleinen roten Fähnchen versehen. Festgebunden wurden die Teile nicht selten mit dünnen Schnüren. Kurz: Wir kennen das auch von IKEA-Parkplätzen, wenn Leute versuchen, ihren Kleiderschrank im Kleinwagen zu verstauen. Heute sind die Transporte etwas professioneller, denn viele benutzen Anhänger auch nur für den Beutel mit Schrauben.

Die Baumärkte eröffnen einem nicht einen Einblick in die Amateur-Handwerker-Mentalität, sondern auch in das, was Isländer gern in ihren Wohnungen haben. Viele Produkte sind international bekannt, aber in Island kann man deutlich mehr Sachen einzeln kaufen. Recht groß fallen die Abteilungen für Bootszubehör aus sowie die Garten- bzw. Blumenabteilungen. Und natürlich gibt es ein oft überwältigendes Angebot an Grillapparaten. Doch das ist wieder ein anderes Thema.

2. Funksjónalismi

Eis ist heiß

Der Gletscher-Amazonas

Rund ein Zehntel der Insel ist vergletschert. Ob der größte Gletscher Europas nun in Island oder auf Spitzbergen ist, spielt letztlich keine Rolle, mit 8.200 km² ist der Vatnajökull riesig. Aber er hat nicht nur eine große Fläche, sondern darunter befinden sich auch Vulkane und Hochtemperaturgebiete.

»Eis und Feuer« ist die beleibte Werbeformulierung für Island, doch nicht alles, was sich nett liest, ist nur nett. Schön sieht es aus, wenn man das Kverkfjöll besucht, wo sich eines der beiden Hochtemperaturgebiete am Vatnajökull befindet. Doch regelmäßig schmilzt das Eis und es bilden sich Schmelzwasserseen, die dann als Gletscherlauf abfließen. Meistens sind die Wasserläufe so, dass z. B. die Brücken im Süden über den Fluss Skeiðará der Wasserkraft standhält. Die Wassermenge beträgt etwa 7.000–10.000 m³ pro Sekunde. Ganz andere Kräfte wirkten bei dem Gletscherlauf 1996, als 50.000 m³ pro Sekunde herabstürzten. Das war die Folge des Vulkanausbruches von Báðarbunga, einer der Vulkane unter dem Eis.

Unter den beiden großen Eisschilden Vatnajökull und Mýrdalsjökull gibt es aktive Vulkane, und bei ihren Ausbrüchen schmelzen enorme Mengen Gletschereis. So entstandene Gletscherläufe sind

sehr gefährlich, denn außer den Wassermassen transportieren sie riesige Eis- und Felsbrocken, die große Schäden anrichten können.

Auf einen Ausbruch von Katla unter dem Mýrdalsjökull warten die Experten schon seit Jahrzehnten. Dieser Vulkan brach in den früheren Jahrhunderten alle 50 Jahre aus, zuletzt 1918. Mit Argusaugen und Seismographen wird jede Bewegung und Erschütterung beobachtet und registriert. Die Wassermassen des Gletscherlaufes beim Ausbruch 1918 betrugen 100.000–200.000 m^3 pro Sekunde, was in etwa der Wassermenge entspricht, die der Amazonas in den Atlantik treibt.

Doch weg von den Katastrophen hin zu den Eisschönheiten wie kleinen Eisbergen in Blau, Weiß und Schwarz, den Eishöhlen und natürlich den wunderbaren Eisweiten, wenn man auf dem Gletscher steht. Hier ist Eis ein Hit.

Eis ist lecker
Islands eigene Eissorten

Kaum ist Sommer, trifft man die Isländer auf den Straßen und Plätzen an, nicht selten ein Eis in der Hand. Der Eisverzehr pro Kopf zählt zu den höchsten weltweit, was uns Mitteleuropäer schon überrascht. Doch wird oft nicht einfach Eis aus dem Kühlfach gekauft, sondern selbst hergestellt.

Früher war das sehr milchige Softeis weit verbreitet. Wenn man sich eine Portion kaufte, erhielt man immer eine Familienportion. Toppings wie Schokoladensauce oder diverse Streusel gehören schon seit langer, langer Zeit zum Angebot. Das Eis ist sehr lecker, denn die verarbeitete Milch hat wohl einen recht hohen Fettanteil, eher wie Sahne. Nach und nach sind neue Anbieter hinzugekommen. Einige Bauern locken mit Joghurt- bzw. Skýreis zu ihren manchmal richtig entlegenen Höfen.

In Reykjavík und Akureyri, also den Großstädten des Landes, findet man Eisanbieter mit breitem Sortenangebot. Eine Lakritzsorte gehört auf jeden Fall dazu. Das Schöne in Island ist, dass man keine Bällchen erhält, sondern die Einheiten eher die Größe einer Kelle haben.

Brynja
Brynja

Eisbären
Endstation Island

Sie gehören nicht zu den heimischen Landsäugern, aber hin und wieder treiben Eisbären von Grönland hier an. Das Ende ihrer Reise ist dann eine Vitrine in einem der Naturkundemuseen.

In den letzten Jahren häuften sich die Meldungen, dass »Ursus maritimus« in Island gesichtet wurde, meist an den Küsten im Norden und Nordwesten. Auch wenn die Tiere unter Naturschutz stehen, in Island gibt es immer Gründe, warum sie abgeschossen werden. 2008 tauchten gleich zwei Exemplare auf, doch bevor der hinzugezogene Kopenhagener Tierarzt den zweiten Bären betäuben konnte, hatte die Polizei ihn schon getötet. Zum Glück handelte es sich bei der dritten Eisbärwarnung im gleichen Jahr um ein Schaf, was noch rechtzeitig bemerkt wurde. Es überlebte. 2010 und 2011 trieb es wieder Bären nach Island: mit schlechtem Ergebnis.

Das Phänomen Eisbären ist in Island sicher nicht neu, denn schon zu Zeiten der ersten Siedler tauchten sie auf. Offensichtlich so regelmäßig, dass eine Bucht im Norden nach ihnen benannt worden ist: Húnaflói. Ein Grund, warum in den letzten Jahren wieder häufiger Tiere hier anlanden, ist der Klimawandel. Ursus Maritimus, der Eisbär oder auch Polarbär, lebt im arktischen Raum, vor allem in Grönland, Spitzbergen, Russland und Kanada. Er ernährt sich überwiegend von Robben, die er auf dem Eis tötet und frisst. Das Meereis um Grönland wird zunehmend dünner und immer öfter brechen Eisschollen ab. Diese treiben dann in Richtung Island. Das Meereis ist der Lebensraum der Eisbären, und das Abschmelzen verändert nach und nach die Lebensgewohnheiten der Tiere. Wenn die Robben oder auch Walrösser nicht mehr in ausreichender Menge zu erlegen sind, verlegen die Bären ihre Nahrungssuche auf das Land. Die riesigen, 300–700 kg schweren Männchen – die Weibchen bringen es auch noch auf 150–350 kg – fürchten sich vor nichts und können von daher im Extremfall eine Gefahr für den Menschen darstellen, wenn sie in Siedlungen auftauchen. Insofern heißt es in Island immer: »Gefahr in Verzug«. Da die Tiere oft die letzten Kilometer bis zur Küste geschwommen sind, ist anzunehmen, dass sie auch hungrig sind.

Nicht alle in Island waren mit den Abschüssen zufrieden, wie z. B. der ehemalige Bürgermeister von Reykjavík, Jón Gnarr. In seinem Programm stand einst, dass der Reykjavíker Tiergarten einen Eisbären erhalten sollte. Aber ob das für den Bären die bessere Lösung gewesen wäre, bleibt fraglich. Auf jeden Fall sollte man überlegen, wie das Überleben der Tiere in Island gesichert werden kann. Noch mehr ausgestopfte Exemplare braucht es im Land sicher nicht. Auch die Idee der Bürgerinitiative *Polar Bear Project*, die Tiere in einem ausgewiesen Gebiet auszusetzen, wird nicht funktionieren, ideal wäre der Rücktransport nach Grönland oder ein Transport nach Spitzbergen.

Elfen
Die geheimnisvollen, unsichtbaren Isländer

Ein Buch über Island ohne ein Kapitel über Elfen und verborgene Wesen? Nein, das geht gar nicht. Man muss ja nicht unbedingt daran glauben, aber ignorieren wäre sicher falsch. Wer weiß denn wirklich, was dann passiert?

Meine persönliche Meinung zu Elfen nach all den Jahren Island: ein fantastischer PR-Kniff. Kaum ein Artikel ohne die berühmten Felsen, die von der Elfenbeauftragten – die es zwar nicht gibt, klingt aber gut – besprochen werden, und schwupps, klappt es mit dem Straßenbau. Tja, wenn man genau liest, stellt man fest, dass in zwei Dritteln aller Artikel derselbe Felsen beschrieben wird. In diesen Felsen leben nämlich die Elfen, und sie schätzen Störungen oder gar Umzüge überhaupt nicht. In solchen Fällen setzen sie sich vehement zur Wehr und verzögern die Bauarbeiten u. a. durch kleine Unfälle. Nachdem diese Geschichten so häufig im Ausland publiziert wurden, glauben die Ausländer daran, und die Isländer haben ihre Freude.

Wenn ich meine isländischen Freunde nach Elfen befragt habe, glaubte persönlich zunächst keiner daran, aber sie verwiesen oft auf die Volkserzählungen, in denen viele Elfengeschichten vorkommen. Naja, und letztlich weiß doch wirklich keiner so genau, was stimmt oder nicht. So der Tenor ihrer Antworten. Ein Freund zeigte mir seinen Felsen im Garten und erzählte mir von verborgenen Leuten, die dort leben und sein Haus beschützen. Zunächst hielt ich das für einen netten Gag, quasi um meine Leichtgläubigkeit zu testen. Doch er wankte nicht in seiner Haltung, kein Zeichen der Ironie – und somit schlussfolgere ich, dass er tatsächlich seine persönlichen, ihn beschützenden Hauselfen hat.

Die Volkserzählungen, weitergegeben von Generation zu Generation, kennen viele Orte im Land, an denen Elfen leben. Berühmt ist die Elfenburg – Álfaborg – in Ostisland. In diesem Hügel, so heißt es, lebe die Elfenkönigin.

Elfen sind generell freundliche, lichte Gestalten, großzügig und hilfsbereit, die zudem als Dank kostbare Geschenke machen. Warum also nicht an sie glauben? Vielleicht braucht man ja mal selbst Hilfe. Also sollte man mit den Felsen respektvoll umgehen, es kann sicher nicht schaden. Genannt werden diese Wesen auch »verborgene Leute«, es sind quasi die kleinen, besseren Menschen.

Als die frühere Staatspräsidentin Vigdís Finnbogadóttir während eines Staatsbesuches im Ausland gefragt wurde, wie viele Einwohner Island habe, antwortete sie sinngemäß: Es sind rund 270.000, aber mindestens doppelt so viele sind verborgene Leute.

Warum so viele Isländer verborgen sind, erzählt eine kleine Geschichte. Jeden Samstag – wie es in den alten Zeiten so üblich war – badete Eva ihre Kinderschar. Völlig überraschend tauchte Gottvater auf. Da Eva nicht so gern die schmutzigen Kinder zeigen wollte, versteckte sie diese und präsentierte nur die schon gewaschenen. Darüber war Gott verstimmt und sagte zu Eva: »Weil du einige deiner Kinder vor mir versteckt hast, sollen diese und ihre Nachkommen in Zukunft unsichtbar sein.«

Seitdem gibt es die Menschen, Evas saubere Kinderschar, ihre Nachkommen und die verborgenen Leute.

EU
Rein oder nicht rein

Beitritt zur EU, ja oder nein, lieber heute oder doch besser morgen oder auch gar nicht. Die Diskussion darüber wurde in den letzten 15 Jahren mit schöner Regelmäßigkeit geführt. Je nach aktueller wirtschaftlicher Situation fiel sie unterschiedlich aus.

Unmittelbar nach dem Fast-Staatsbankrott wollten alle ziemlich schnell in die EU, doch wir EUler wissen, dass das ein langer Prozess ist. Die damalige Premierministerin Jóhanna Sigurðardóttir begann ihn, aber im Verlauf der Jahre schwang die Stimmung wieder in Richtung »Nein«. Mit der neuen Regierung, 2013 gewählt, sollte ein entsprechendes Referendum stattfinden, doch der Premier beschloss 2015, dass dies nicht nötig sei, und zog den Beitrittsantrag zurück. Die Isländer waren empört – auch wenn sie dagegen sein sollten, so wollten sie doch zumindest dazu befragt werden.

Die Ressentiments gegen die EU beziehen sich vor allem und im Besonderen auf die Fischerei. Als Mitgliedsstaat müsste Island auch den anderen Staaten das Fischen in der 200-Meilen-Zone erlauben. Aus mindestens zwei Gründen ist das schlecht: Erstens beruht Islands Wirtschaft immer noch zu einem hohen Prozentsatz darauf und zweitens betreiben die Isländer aus diesem Grund auch eine nachhaltige Fischerei mit entsprechenden Quoten. Insofern wird es in naher Zukunft wohl nicht zu einem Beitritt kommen. Abgesehen davon ist die EU sowieso der wichtigste Wirtschaftspartner.

Sehr amüsant waren in früheren Jahren – vor dem Finanz-Crash – die Diskussionen im Land, ob man nicht den Euro übernehmen sollte. Irgendwie war den Isländern wohl lange Zeit nicht klar, dass Euro ohne EU nicht möglich ist. So verbleiben sie in der EFTA zusammen mit Norwegen und der Schweiz und überlegen hin und wieder, ob sie vielleicht die norwegische Krone übernehmen sollten. Aktuell schwächelt diese allerdings sehr – und darüber hinaus kann eine Währung so einfach ja nun auch nicht gewechselt werden.

In der Krise auch mal mit EU-Fahne

Eurovision
Isländischer Straßenfeger

Wenn man im Mai an einem Wochenende nur wenige Isländer auf der Straße antrifft, dann ist es wieder soweit: Der Eurovision Song Contest läuft im Fernsehen. Keiner gibt es zu, aber fast alle schauen zu.

Seit 1986 nimmt Island mit schöner Regelmäßigkeit teil, abgesehen von sechs Jahren, in denen sich das Land nicht qualifizieren konnte. Immerhin zweimal, 1999 und 2009, wurde Island Zweiter. Die Platzierungen insgesamt fallen nicht so schlecht aus im europäischen Vergleich.

Für die Isländer sind das Halbfinale und das Finale fast heilige Abende, und nur ungern lassen sie sich dann stören. Es passierte mir vor einigen Jahren, als ich in einem Hotel in einem kleinen Ort im Westen Informationen einholen wollte. Erst nach mehrmaligen Klopfen und Rufen erschien die Besitzerin, um mir sofort zu sagen, dass sie keine Zeit habe, es sei Eurovisionsabend und der isländische Beitrag komme gleich. Das erklärte dann, warum auch sonst kein Mensch zu sehen war.

Hinsichtlich der Punktevergabe gehört Island natürlich zu der Skandinavien-Connection. Interessant ist, dass Island seit 2005 am häufigsten Dänemark die volle Punktzahl gegeben hat.

2014, nicht gewonnen, aber voll dabei

Falken
Der klagende Jäger und Wappenvogel

Der königliche Vogel weckte von jeher Begehrlichkeit und war von daher ein beliebter Exportartikel. Heute steht der Gerfalke unter Naturschutz. Die zweite Falkenart, die in größerer Population vorkommt, ist der Merlin.

Der Merlin, auf Isländisch *smyrill,* ist die kleinste Falkenart und weit verbreitet im Land. Er brütet fast überall außerhalb des Hochlands. Die größte Falkenart ist der Gerfalke, der auf Isländisch einfach *fálki* heißt. Er war für die Zeit der Selbstverwaltung 1903–1918 das Wappentier, bis 1948 repräsentierte ein silberner Falke Island auf dem Wappen von König Christian X. Heute verleiht der Präsident als Auszeichnung den Falkenorden, den es in fünf Abstufungen gibt.

In den früheren Jahrhunderten kamen Falkenjäger, um die Tiere zu fangen und zu exportieren. Sie waren an den europäischen Höfen begehrte Jagdvögel. Noch heute werden sie vor allem in den Arabischen Emiraten trainiert und eingesetzt. Mitte des 18. Jahrhunderts wurden jährlich bis zu 200 Falken exportiert. Seit 1940 steht der Gerfalke unter Naturschutz, insgesamt geht man von 300 bis 400 Paaren aus. Trotz hoher Strafen haben Schmuggler immer wieder versucht, die Tiere oder ihre Gelege aus dem Land zu bringen. Die Preise, die dafür bezahlt werden, sind einfach zu verlockend.

Falken sind beeindruckende Flieger und Jäger, die sich vor allem auf Schneehühner stürzen. Nach einer isländischen Volkserzählung sind Falken und Schneehühner Bruder und Schwester. Aber ein Fluch zwingt den Falken, seine Schwester zu jagen und zu essen, deshalb jammert er voller Trauer darüber, wenn er wieder ein Schneehuhn erlegt.

Falkenorden
Fünfmal Ehrung

Der Falkenorden geht zurück auf den dänischen König Christian X., der ihn 1921 gestiftet hat. Damals gehörten Island und Dänemark unter seiner Personalunion zusammen. Heute ist er *der* Orden in Island, der die Ausgezeichneten in fünf Klassen unterteilt.

Als König Christian den Orden einführte, war er auch der erste Großmeister. Diese Funktion hat heute der isländische Präsident inne. Der ursprüngliche Orden wurde von Hans Christian Tegner, einem dänischen Professor an der Kopenhagener Kunstakademie, entworfen. Diese Variante befindet sich jetzt im Besitz des Präsidenten.

Mit der Einführung der Republik Island wurde der Orden umgestaltet, ohne Krone und mit dem Gründungsdatum der Republik. Der Orden war von Beginn an »republikanisch«, denn er konnte im Gegensatz zu dem dänischen Daneborg auch Frauen verliehen werden.

Der Falkenorden ist der nationale Verdienstorden, den sowohl Isländer als auch Nicht-Isländer erhalten können, vorausgesetzt

sie haben dem Land in wichtiger Form gedient. Wenn man sich die Liste der Geehrten ansieht, so fällt auf, dass sehr viele Künstler den Falkenorden erhalten, die meisten erhielten das Ritterkreuz, dic crste Klasse. Unter ihnen sind Björk, der Maler Érro, Handballer, Fußballer oder der Krimiautor Arnaldur Indriðason. Auch in der zweiten Kategorie, der des Großritterkreuzes, sind Künstler und Sportler vertreten. Der dritte Grad ist das Großritterkreuz mit Stern. Halldór Laxness, Konrad Adenauer oder Alvar Aalto erhielten das Großkreuz, die vierte Klasse. Hier sind internationale Politiker oder auch royale Häupter zu finden. Die Orden der fünften Klasse, Kette mit Stern des Großkreuzes, werden ausschließlich an Regierungsoberhäupter oder Könige vergeben.

Abgesehen von der Ehrung der Staatsgäste kann jeder Isländer Vorschläge machen, wer die Auszeichnung verdient. Zweimal im Jahr, am 1. Januar und am Nationalfeiertag, dem 17. Juni, verleiht der Präsident die Orden.

Fast Food
Fast ohne Amerikaner

Natürlich gibt es Fish & Chips in Island, aber das klassische Fast Food erhält man an den großen Tankstellen: Burger und Hot-Dogs. Allerdings etwas anders als gewohnt, eben isländisch.

Die berühmte Hamburger-Kette mit dem M im Logo versuchte auch mal ihr Glück in Island. Eine Filiale war sogar in Reykjavík in einem der Traditionslokale untergebracht, aber das »System M« funktionierte in Island nicht. Letztlich war der Burgerverkauf wohl einfach unrentabel. Dennoch gibt es immer noch einige amerikanische Ketten im Land, aber die meisten Anbieter sind typisch Isländisch. So gehört zu den Burgern im Land ein Spiegelei und vor allem ein ziemlich großes Brötchen. In Island liebt man es auch »big«.

Der wohl beliebteste Snack zwischendurch ist ein Hot Dog, der passt von der Menge immer. In Reykjavík gibt es einen Stand, an dem schon Generationen von Isländern angestanden haben und der den Namen »*Bæjarins bestu*« (»Die besten der Stadt«) trägt. Zu einem anständigen Hot Dog gehören nicht nur ein gutes isländisches Würstchen, sondern viele Zutaten, am besten »*með öllum*« (»mit allem«), d. h. Remouladensauce, Ketchup, Senf, eingelegte Gurkenscheiben sowie frische und geröstete Zwiebel. Köstlich! Wer braucht schon Lammkoteletts.

Aber auch an Island ist der Ernährungstrend nicht vorbeigegangen und so strömen während der Mittagspause genauso viele an die Salatbars in den Supermärkten wie zum Hot-Dog-Stand.

Den kulinarischen Hamburger erhält man in einem Spezialrestaurant mit eleganter Ausstattung, von guter Qualität und vor allem zu teuren Preisen. Hier wird aus Fast Food Slow Food.

Festivals
Ein Land tanzt

Wenn man sich die Einwohnerzahl des Landes anschaut und diese ins Verhältnis zu den Festivals im Lande setzt, so kann man nur zu dem Schluss kommen: In Island tobt ein einziges großes Festival.

Es gab eine Zeit, da wechselte sich das Reykjavíker Kunstfestival mit dem Literaturfestival ab. Dazwischen gab es noch das Orgelfestival in der Hallgrímskirche. Heute torkelt man von einer Veranstaltung zur nächsten, Reykjavík kennt keine Ruhe mehr. Allein neun Musikfestivals finden in der Hauptstadt im Jahr statt, die meisten international. Fast jede Musikrichtung – Kammermusik, Folk, Blues, Jazz, elektronische Musik usw. – ist dabei vertreten. Das wirklich Beeindruckende ist, dass die Veranstaltungen sehr gut besucht sind. Wer ein Hotel in der Zeit buchen will, sollte es rechtzeitig machen, denn das Interesse der ausländischen Besucher ist sehr groß.

Island ist in den diversen Musik-und Kunstszenen als innovatives und lebendiges Kulturland bekannt. Nicht nur in Reykjavík boomen die Events, auch in anderen Städten im Land finden sich zahlreiche Aktivitäten. Das schönste Kulturereignis ist die Kulturnacht in Reykjavík am dritten Samstag im August. Dann strömen Tausende von Menschen auf die Straßen, und überall, in den Hinterhöfen und auf den großen Plätzen, spielen Musikgruppen oder finden kleine Performances statt. In dieser Nacht sind es isländische Gruppen, bekannte wie unbekannte, die ein fröhliches und abwechslungsreiches Programm bieten. Den krönenden Abschluss bildet das Feuerwerk, zugleich das Zeichen dafür, dass die Nächte wieder länger werden und der Sommer vorüber ist.

32 Film

Mehr als ein Geheimtipp für Cineasten

***Kinder der Natur* – eine wunderbare, geheimnisvolle Geschichte erzählt dieser Film von Friðrik Þór Friðriksson, erschienen 1991. Spätestens seitdem ist der Welt bekannt, dass es isländische Regisseure und Filme gibt.**

Begonnen hat es schon 1918 mit einem Film, und das erste Kino wurde 1906 in Reykjavík eröffnet. Richtig in Schwung kam das Filmschaffen erst durch die Gründung des isländischen Filmfonds 1979. Natürlich war das Budget zu klein, um eine Vollfinanzierung zu ermöglichen, dafür wurden und werden ausländische Partner gesucht. Mit dem Erfolg von *Kinder der Natur (Börn náttúrunnar)* stieg das internationale Interesse. Der Film wurde für den Oscar in der Kategorie »Bester ausländischer Film« nominiert und erhielt insgesamt 23 Preise. Friðrik Þór Friðriksson zählt zu den erfolgreichsten isländischen Regisseuren. Er arbeitet schon seit 1975 und hat u. a. *Ringstraße* und

Rock í Reykjavík geschaffen. Weitere erfolgreiche Spielfilme von ihm sind die Verfilmungen der Romane von Einar Kárason *Teufelsinsel* und Einar Már Guðmundson *Engel des Universums.*

Die Zeiten, dass isländische Filme nur in Programmkinos oder auf speziellen Festivals gezeigt werden, sind vorbei. Baltasar Kormákur, einst ausschließlich Schauspieler, dreht fast nur Erfolgsfilme wie *101 Reykjavík.* Dabei sind nicht nur internationale Gelder im Spiel, sondern auch Schauspieler. Die Krimiverfilmung *Der Tote aus Nordermoor* wird mit schöner Regelmäßigkeit im deutschen Fernsehen wiederholt.

Was den isländischen Film auszeichnet, ist wohl das Spiel mit Zauber und Realismus sowie das Spiel zwischen Mensch und lebendiger Natur. Der Inbegriff des »typisch« isländischen Films ist *Böcke* von Grímur Hákonarson, der 2015 herauskam. Im Fokus stehen zwei verfeindete Brüder und Schafe – wortkarg mit viel Natur, so wie man sich Island eben vorstellt. 2016 schaffte der Film es sogar ins Entertainment-Programm der Lufthansa.

Die Kulisse für einen Wikinger-Film ist jetzt ein Ausflugsziel

Fischerei
Das Gold des Meeres

Ohne die Fischerei hätte Island niemals wirtschaftlich und somit auch politisch unabhängig werden können. Von daher werden seit Jahrzehnten die Fische innerhalb der 200-Meilen-Zone hart verteidigt. Entsprechend stolz sind die Isländer auf ihre Erfolge.

Der Export von Fisch und Fischereiprodukten aller Art bildet ein wichtiges Fundament in der Wirtschaft, auch wenn in den letzten Jahren der Export von Aluminium und vor allem der Tourismus für die Deviseneinnahmen entscheidender geworden sind. Die Fischerei ist darüber hinaus ein bedeutender Teil der isländischen Identität. Zum einen bewundert man die *toughen* Männer – es gibt auch Frauen, aber wenige –, die regelmäßig hinaus auf die stürmische See fahren. Im Kampf mit den Elementen holen sie Islands Silber und Gold ein. Zum anderen gehört alles, was Fisch ist, zum Leben, im wahrsten Sinne: Nahrung, Gesundheit und Kleidung. Fischhaut wurde schon in den alten Zeiten genutzt und ist heute wieder ein beliebtes Material für modische Accessoires.

Island hat ein Quotensystem, mit dem die Fischbestände geschützt werden sollen. Zugleich birgt es aber auch für kleinere Fischer und Fischfabriken Tücken, denn Quoten können verkauft werden, was zur Konzentrierung führt. Gerade kleine Fischfabriken in kleinen Orten kämpfen immer wieder um ihre Existenz, denn in der Regel hängen die Einkünfte aller Bewohner daran. Betroffen sind oft die entlegenen Gemeinden im Nordosten oder Nordwesten. In der Folge kommt es immer wieder zu Abwanderungen.

Isländer selbst arbeiten immer seltener in den Fischfabriken, meist sind es Immigranten. Das hat natürlich auch Folgen für die kleinen Orte. Zugleich findet man besonders dort sehr innovative Ansätze, sprich: Man versucht verstärkt, nachhaltig zu fangen und zu verarbeiten. So z. B in Suðereyri in den Nordwestfjorden, wo alles von den Fischen genutzt wird. Hier fängt man nur mit Langleinen, um so den ungenutzten Beifang zu minimieren.

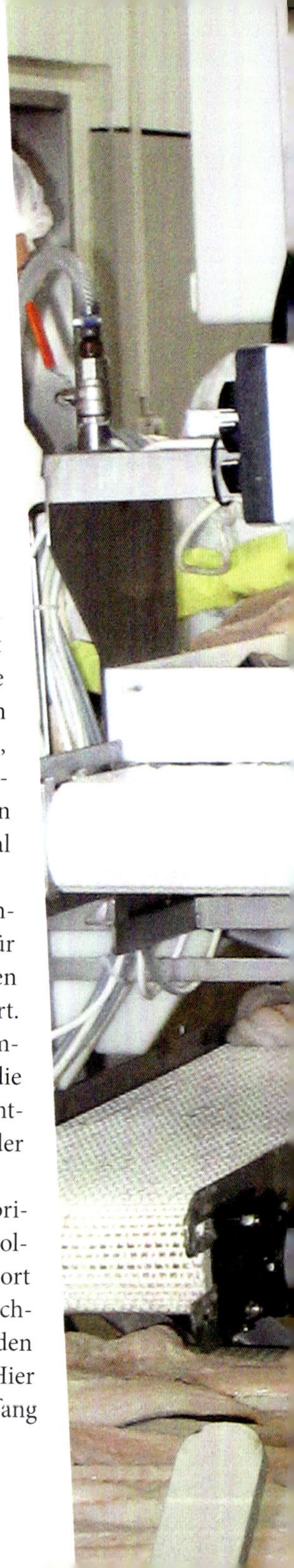

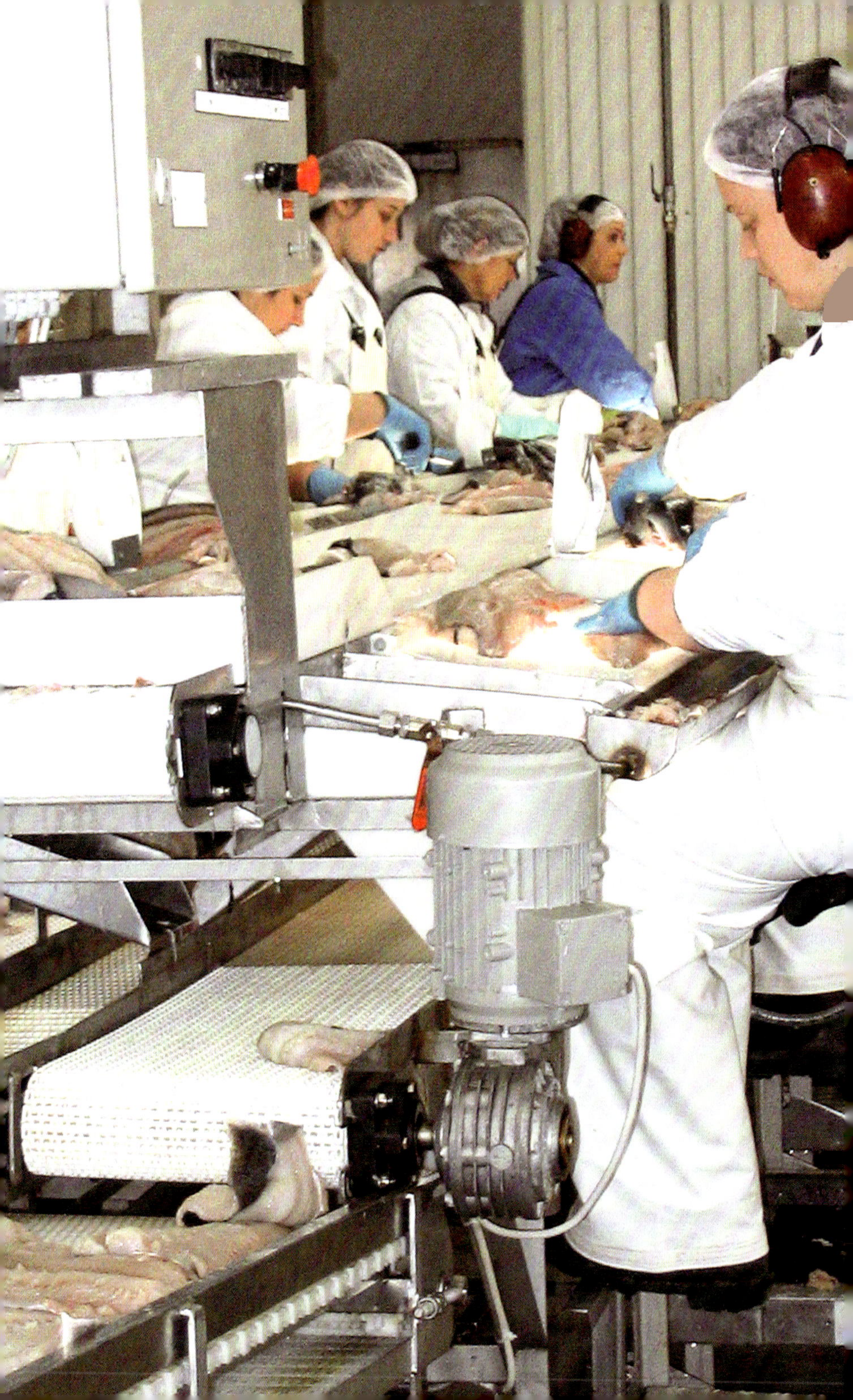

34 Fjalla-Eyvindur
Der Mann auf der Flucht

Mehr als 20 Jahre verbrachte Eyvindur Jónsson, genannt Fjalla-Eyvindur (1714–1780), im rauen Hochland. Eyvindur und seine Frau Halla stammten aus den Westfjorden, aufgrund der Verurteilung wegen wiederholten Diebstahls mussten sie sich verstecken.

Ihr erstes Versteck war das Lavafeld bei Hveravellir, wo noch heute Reste ihrer Behausung erhalten sind. Halla und Eyvindur lebten vor allem von Überfällen auf Reisende, die den Kjalvegur entlangritten, und stahlen freilaufende Schafe.1774 entdeckte man sie und brachte sie nach Reykjahlíð am Mývatn. Von dort entkam Eyvindur und floh in die Lavawüste Ódáðahraun. Er versteckte sich in Herðubreiðarlindir, wo er von Engelswurz und Fleisch eines gestohlenen Pferdes lebte. Auf einer kleinen Tafel an seinem Unterschlupf liest man, wie er der Einsamkeit, Kälte und unwirtlichen Natur trotzte. Ein weiteres Versteck bezog er in Hvannalindir, südöstlich auf der anderen Seite des Flusses Jökulsá á Fjöllum gelegen. Natürlich

gelang es Eyvindur, seine Frau Halla einige Jahre später zu befreien. Nach 20-jähriger Ächtung wurden sie begnadigt und konnten wieder in die Westfjorde zurückkehren, wo sie in Álfsstaðadalur am Hrafnsfjörður bis zu ihrem Tode lebten. Heute erinnern dort ein Holzkreuz und eine Tafel an ihre Gräber.

Wenn das kein Stoff für großes Kino ist? Von Eyvindur heißt es, dass er ein hervorragender Korbflechter gewesen sei. Seine Körbe habe man sogar zum Wassertragen verwenden können. Auch über seine Frau gibt es mehrere Geschichten, die später literarisch verarbeitet wurden. So habe sie ihren Säugling getötet, damit sie besser fliehen konnten.

Ein eindrucksvolles Bild vom Leben und Leid eines Outlaws hat der Bildhauer Einar Jónsson mit seiner Skulptur *Der Geächtete* geschaffen: ein einsamer Mann mit toter Frau und kleinem Sohn auf der Flucht, sein einziger Freund ein Hund. Die Skulptur steht sowohl in Reykjavík am alten Friedhof (Suðurgata) als auch in Akureyri in der Nähe der Kirche.

Flohmarkt

Immer wieder samstags und sonntags

Der erste und einzige Flohmarkt *Kolaportið* in Reykjavík ist eine Institution. Hier lassen sich die Veränderungen in der isländischen Gesellschaft bestens ablesen.

Früher befand sich der Markt in der Tiefgarage unter dem Hügel Arnarhöll, doch mit zunehmenden Autozahlen brauchte man alle Parkplätze in der Stadt. Seit den 1990er-Jahren findet er im Zollhaus statt. Die Stände sind wie kleine Zimmer abgeteilt, manchmal recht bunt gestaltet, und bilden eine Art Marktkaufhaus. Das Angebot besteht aus Second-Hand-Kleidung, Büchern, altem Tand, Modeschmück, preiswerten Markenartikeln, neben afrikanischen Masken gibt es auch die indianischen Traumfänger und Lebensmittel. Die Verkäufer wie die Käufer kommen aus allen möglichen Ländern, denn die isländische Bevölkerung ist auch multikulti geworden. Natürlich hat man in den Sommermonaten die Touristen im Blick und präsentiert deshalb ebenso einen Stand mit Wollpullovern und Schnitzereien aus Rentiergeweih oder Walzähnen. Das Angebot der Lebensmittel orientiert sich überwiegend am isländischen Geschmack, so findet man Trockenfisch, Lummeneier, Hákarl – fermentierten Hai – oder einfach die »besten Kartoffeln der Welt«, die natürlich aus Island kommen.

Der Markt findet jedes Wochenende statt. Einige Händler sind regelmäßig dort, andere kommen vielleicht nur einmal. Wenn man sich draußen umschaut, trifft man auch schon mal Isländer, die ganz offensichtlich aus dem Wohlstandsbürgertum herausgefallen sind. Auch wenn man beobachtet, wer kauft, so sieht man etliche Ältere oder junge Frauen mit Kindern, die vor allem nach preiswerter Kleidung suchen.

36 Frauen
Radikal, unabhängig und die schönsten der Welt

Frauen in Island – eine starke Sache, zumindest im Selbstverständnis der Isländer. Schon in den Sagas gibt es Heldinnen und auch erste Siedlerinnen, auf die gerne verwiesen wird. Außerdem wählten sich die Bürger 1980 ihr erstes weibliches Staatsoberhaupt: Vigdís Finnbogadóttir.

Der Weg zur ersten Präsidentin und dann 1983 auch zur Partei *Frauenliste* war letztlich genauso steinig wie in anderen europäischen Ländern. Seit 1961 gab es das Gesetz zur gleichen Entlohnung von Männern und Frauen, doch noch zu Beginn der 1990er-Jahre sah die Realität ganz anders aus: Frauen verdienten rund 60 % des Lohnes der Männer. Im Oktober 1975 demonstrierten 24.000 Frauen in Reykjavík – bei einer Gesamtbevölkerung von damals knapp 250.000 eine riesige Gruppe. Außerdem gingen sie in einen eintägigen Streik, um zu verdeutlichen, wie wichtig die Hausarbeit und die Arbeit als Mütter seien.

Im Kampf für die Gleichberechtigung spielte die Frauenliste eine wichtige Rolle. Noch im Gründungsjahr erhielt die Partei bei den Wahlen drei Sitze im Parlament. 1987 erzielten sie sogar 11 % bei den Wahlen und damit 6 Sitze. Doch schon im Verlauf der 1990er-Jahre ließ das Wählerinteresse nach und die Partei wurde in eine linke Liste integriert. Eine der Persönlichkeiten der Frauenliste war Ingibjörg Sólrún Gísladóttir, die 1994 die Reykjavíkliste (mit der Frauenliste) anführte und darüber zur Bürgermeisterin gewählt wurde. Solange sie Bürgermeisterin war, machte sie eine gute Politik, doch ihr weiterer ambitionierter Werdegang ließ sie zuletzt in der Bankenkrise 2008 straucheln. Damals war sie die Parteivorsitzende der Sozialdemokratischen Allianz und Außenministerin. Doch genauso wie der Premierminister versuchte sie sich im Aussitzen der Finanzkrise und wurde entsprechend abgestraft.

Jóhanna Sigurðardóttir wurde nicht nur ihre Nachfolgerin als Parteivorsitzende, sondern sie wurde auch die nächste Premierministerin, die das Land mit ihrer Politik wieder stabilisierte. Sie war nicht nur die erste Frau in dieser Position, sondern ist zudem eine bekennende Lesbe, die seit 2002 in einer eingetragenen Partnerschaft mit der Autorin Jónína Leósdóttir lebte und seit 2010 mit ihr verheiratet ist. 2010 sprach das isländische Parlament unter ihrer Regierung ein Verbot für Striplokale aus. Doch den wichtigsten Kampf für die Frauenrechte sah Jóhanna weiterhin in der Gleichstellung des Lohns.

Unterhält man sich mit isländischen Männern über Frauen, so verweisen sie auf deren Unabhängigkeit und vor allem darauf, dass sie sehr häufig die Initiative beim Kennenlernen ergreifen. Mit einem Augenzwinkern ergänzen sie, dass sie zudem die schönsten Frauen der Welt seien. Immerhin hat Island dreimal die Miss World gestellt – was bei dieser Bevölkerungszahl überwältigend ist.

Vigdís Finnbogadóttir 1985

37 Fuchs

Der erste vierbeinige Siedler

Landsäuger auf einer Insel? Kann wohl nicht sein, es sei denn, sie können schwimmen oder Boot fahren. Auch wenn man dem Fuchs eine gewisse Schläue nachsagt – rudern kann er sicherlich nicht. Aber er konnte über das Eis wandern, damals in der Eiszeit.

Der einzige Säuger, der vor dem Menschen diese Insel betreten hat und auch blieb, war der arktische Fuchs (Alopex lagopus). Weil er ja nicht rudern oder schwimmen kann, blieb er hier, nachdem Island eine Insel wurde. Die Lebensbedingungen sind sicher nicht die schlechtesten, er findet reichlich Gelege von Küstenvögeln und auch anderen Bodenbrütern. Außerdem frisst er Aas, angespülte Fische oder Beeren. Solange er der einzige Säuger auf der Insel war, war sein Leben recht einfach, doch der Mensch veränderte es entscheidend.

Die Siedler aus Norwegen waren Bauern und brachten entsprechend ihre Tiere mit, allen voran Schafe. Für die kleinen Füchse, sie wiegen gerade 3–4 kg, stellten die Lämmer eine ideale Abwechslung des Speiseplans dar. Nun, man weiß, wie die Geschichte weitergeht, die Füchse wurden gejagt. Außerdem stellte damals das dichte weiße Fell des Polarfuchses, wie der arktische Fuchs auch genannt wird, ein wichtiges Gut dar, sowohl für den Handel als auch den eigenen Bedarf. Hinsichtlich der Fellfarbe kommt der arktische Fuchs in zwei Arten vor: Die eine trägt während des Sommer zweifarbiges Fell – auf dem Rücken dunkel und am Bauch hell – und im Winter das weiße, die andere hat ganzjährig eine dunkelbraune Färbung.

Das Verhältnis zwischen Mensch und Fuchs ist auch noch heute angespannt, und so wird er regelmäßig gejagt. Vor allem in Gegenden mit Eiderenten schätzen die Bauern ihn nicht. Wegen seines Felles braucht das Tier keine Sorge mehr zu haben, denn diese Aufgabe haben die Füchse in den Pelzfarmen übernommen. Der Polarfuchs kommt in ganz Island vor, doch die meisten Tiere trifft man im Nordwesten im Naturschutzgebiet Hornstrandir. Cleveres Tier, denn hier ist er geschützt. Wer in dem Gebiet wandert und zeltet, wird häufiger auf die neugierigen Vierbeiner treffen. Falls man Lebensmittel am Zelt unter der Apside liegen hat, so kommen vor allem auch junge Füchse ans Zelt. Manchmal hat man Gelegenheit, Welpen bei ihren Ausflügen mit der Füchsin zu beobachten.

Übrigens: Auf Isländisch heißt der Fuchs *melrakki.*

Fußball

11 Isländer müsst ihr sein

Auch wenn Island nicht bei der Weltmeisterschaft mitspielte, so haben sie sich für die Europameisterschaft 2016 qualifiziert. Einige Fußballer haben internationales Ansehen errungen, wobei die meisten eher den isländischen Zuschauern bekannt sind. Fußball ist ein beliebter Sport im Land.

Seitdem es im Land sieben große Fußballhallen gibt, die erste wurde 2002 errichtet, kann ganzjährig trainiert und gespielt werden. Dass sich das bewährt, zeigte sich bei der EM 2016. Island führte in der Qualifikation die Gruppe A an und war danach *das* Überraschungsteam des Turniers. Vor allem die offensichtliche Leidenschaft brachte Island und seinen Fußballern hohe Sympathiewerte.

Früher konnte nur von April bis September draußen gespielt werden, in den übrigen Monaten musste man in kleinen Sporthallen trainieren. Doch trotz der schlechten Bedingungen zählte Fußball zu der beliebtesten Sportart. Rund 30.000 Vereinsmitglieder standen gerade einmal 7.000 Handballern gegenüber.

Die Spieler der heutigen Nationalmannschaft wurden von namhaften Ex-Spielern wie Eyjölfur Sverrisson (früher Hertha BSC) oder Ásgeir Sígurvinsson (früher VfB Stuttgart) trainiert. Erste Erfolge zeigten sich 2011, als sich das U21-Team erstmals für eine EM qualifizieren konnte. Auf dem Weg dahin schaltete die Truppe 2010 unter anderem die deutsche Mannschaft aus, die durch das 1:4 die Teilnahme am Turnier verpasste. Doch egal, welche Erfolge die Nationalmannschaft international hat, wichtig sind vor allem die isländischen Mannschaften und die Spiele im Land. Insgesamt 12 Mannschaften nehmen an der Meisterschaft *Pepsi-deild* teil, die bis 2008 noch *Landsbanki-deild* hieß. Doch die Finanzkrise trieb die Bank in die Pleite und raubte der Meisterschaft damit den Sponsor.

39 Gartengestaltung

Zauberhafte Grünflächen

Was für den Deutschen lange Zeit der Gartenzwerg war, ist für den Isländer die Steinelfe. Die fantasievollste Gartengestaltung findet man in den kleinen Orten im Nordwesten oder Nordosten. Neben wenigen Blumen liegen dort Walknochen, Steine oder anderes Treibgut.

Die meisten isländischen Vorgärten sind klein, selbst die einer Stadtvilla in Reykjavík. Vor allem beanspruchen die Autos erst einmal ihren Platz vor der oder den Garagen, danach sieht man weiter. Meistens gibt es ein wenig Rasen, beliebt sind Johannisbeersträucher und einige relativ robuste Blumen, wie z. B. Tulpen. Wenn man im Sommer nach Island reist, erlebt man einen zweiten, blühenden Frühling. Kurz: In den großen Städten wird der klassische Garten gepflegt. Deutlich fantasievoller sind die Parzellen in den kleinen Orten.

Walknochen und vor allem Treibholz sind ideale Materialien für Skulpturen oder bunte Gesichter. Daneben stehen die kleinen Torfhäuser mit Grasdach und Holzfront. Manchmal tut es auch ein großer Stein, auf den ein Haus gemalt ist. In den Häusern leben natürlich kleine Wesen, die Elfen, erstellt aus mehreren Steinen, die man zusammengeklebt und bemalt hat. Da Isländer offensichtlich auch gerne sammeln, haben viele entsprechenden Schrott, der sich zu Skulpturen verarbeiten lässt. So stehen die rostigen Vögel, Fische, Fahrräder oder was auch immer dekorativ im Garten.

Besonders begeistert war ich von einer Gartenzwergkommune in Eskifjörður Ostisland – mit der Einwanderung der fremden Gnome hatte ich nicht gerechnet.

29

Alfheimar

40 Geächtete

Totschlag oder Flucht

Das alte Rechtssystem sah die Ächtung vor, nach der die Verurteilten für vogelfrei erklärt wurden. Entweder verließen sie das Land für die Zeit des Banns oder versteckten sich bevorzugt im Hochland. Jeder, der sie traf, durfte sie ungestraft töten. Diese Outlaws sind die wahren isländischen Helden!

Die Friedlosigkeit, wie die Ächtung auch genannt wurde, war im mittelalterlichen Europa eine weitverbreitete Praxis. In Island gab es zwei Formen: die strenge Acht, *skóggangur,* die zeitlebens galt, und die geringe Acht, *fjorbaugsgarður,* die nur für drei Jahre währte. Für diese Zeit verließen die Geächteten meist das Land.

Beim Blick in die Sagas begegnen einem etliche Helden, die auf diese Weise verurteilt wurden. Der berühmte Gunnar aus der *Njáls Saga* beabsichtigt zwar, Island für die drei Jahre zu verlassen, doch beim Anblick seiner Wiesen und Felder ist er von deren Schönheit so überwältigt, dass er wieder heimreitet. Als Folge wird er erschlagen. Ein anderer Missetäter ist Eirik der Rote, er verlässt Island und verbringt die drei Jahre der geringen Acht in Grönland. Dort gefällt es ihm so gut, dass er schließlich zusammen mit anderen Isländern auswandert.

Andere Saga-Helden, wie Gísli Súrsson, müssen sich in der Wildnis durchschlagen. Da Island kaum Wälder besaß, in die die Vogelfreien hätten fliehen können, blieb ihnen nur die große Lavawüste in Zentralisland. Sie heißt seitdem Ódáðahraun, was so viel wie *Missetäterlava* bedeutet. Hier suchten sie ihre Verstecke in den Lavahöhlen und -aufwürfen. Entlang der alten Reitwege nutzten sie die Gelegenheit für Überfälle und Raubzüge.

Wenn diese Helden sich über Jahre dem Zugriff ihrer zahlmäßig überlegenen Gegner zu entziehen wussten, dann hatten sie die Achtung und Bewunderung der Isländer gewonnen.

41 Genealogie
Ein Hobby hilft der Forschung

In Island ist es seit langem ein beliebtes Hobby, herauszufinden, wer mit wem verwandt ist. Waren es früher noch mühsame Recherchen, so gibt es heute ein geeignetes Computerprogramm. Lange galt: »Jeder ist mit jedem verwandt«.

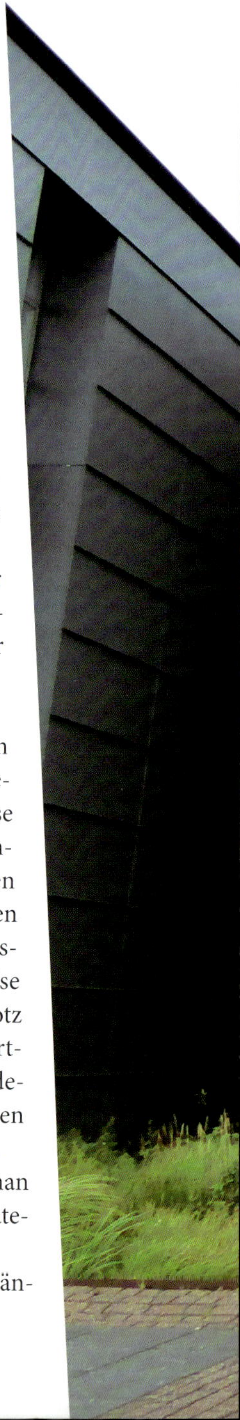

Wenn in den Sagas eine neue Person eingeführt wird, so wird der Leser erst einmal über die Familie aufgeklärt: Wer ist mit wem verwandt, wer ist wessen Sohn oder Tochter, Neffe oder Nichte. Entsprechend wird auch heute noch gern abgeklärt, ob man nicht gemeinsame Freunde, Bekannte oder sogar Verwandte hat. Besonders wenn sich Isländer in der Fremde treffen. Ein Computerprogramm beweist, dass selbst heute Ehepaare meist in der 8. Generation gemeinsame Verwandte haben.

Besonders interessant für die Genetiker ist, dass Isländer Kopien der Genome der Siedler in sich tragen. Bei der Weltausstellung 2000 in Hannover wurden alle Isländer, die seit der Besiedlung im Land gelebt haben, namentlich erwähnt.

1996 wurde das Unternehmen DeCode-Genetics gegründet, um die Bevölkerung Islands genetisch zu erfassen. Damals ein riesiger Hype, denn man versprach sich schnell gute Erkenntnisse für Medikamente, vor allem gegen genetisch bedingte Erkrankungen. Heute liegt genetisches Material von 160.000 Menschen vor. Die Erstellung der Datenbank wurde seitens des isländischen Gesetzgebers abgesichert. Einer der Gründer ist Dr. Kári Stefánsson, eine charismatische Figur, die als das undurchsichtige Böse auch Eingang in einige isländische Romane gefunden hat. Trotz etlicher Erfolge und Kooperationen mit Pharmafirmen, der wirtschaftliche Gewinn stellte sich nicht ein, 2009 musste DeCode-Genetics Insolvenz anmelden, wurde von amerikanischen Firmen übernommen und 2015 dann in eine chinesische eingegliedert.

Geforscht wird weiterhin in Island, auf der Website weist man auch auf die genealogische Datenbank hin, die aufgrund des Materials bis zu den früheren Siedlern zurückweist.

Kári Stefánsson fasst es simpel zusammen: »Die meisten Isländer sind eben Cousins und Cousinen.«

ÍSLENSK
ERFÐAGREINING

42 Geothermie

It's getting hot in here

Es zischt, dampft und blubbert vielerorts, so hört sich Islands Reichtum an. Die geothermalen Felder und Gebiete liefern riesige Mengen an Energie, die bisher nur in relativ geringer Menge genutzt werden. Rund 280 Gebiete hat man bisher ausgemacht.

Islands Reichtum besteht neben den Fischen in seinen Energievorkommen und hier im Besonderen dem heißen Wasser und heißen Dampf der geothermalen Felder und Gebiete. Innerhalb der aktiven Vulkanzone, die sich durch Island erstreckt, liegen circa 30 Hochtemperaturgebiete. Hier beträgt die Wassertemperatur in 1.000 m Tiefe mehr als 200 °C. Das sind die Regionen, in denen man auf Geysire, Fumarole und Schlammtöpfe trifft. Oft stinkt es infernalisch, und deutlich zeichnet sich der Schwefel ab. Der Boden ist so sauer, dass sich keine Pflanze zeigt. Nicht weit entfernt von diesen Gebieten stehen die Kraftwerke. Sie nutzen den Dampf zur Stromerzeugung und das heiße, geothermale Wasser, um kaltes Frischwasser aufzuheizen. Mit diesem Frischwasser werden dann die Häuser beheizt. Das thermale Wasser ist zu mineralhaltig, um es direkt zu verwenden. Als »Abwasser« kann es aber noch für Bäder wie die Blaue Lagune oder das Bad am Mývatn genutzt werden.

Zusätzlich gibt es in Island noch 250 Niedertemperaturgebiete, die weit im Land verbreitet sind. In diesen Gebieten beträgt die Temperatur in 1.000 m Tiefe maximal 150 °C. Das Wasser ist nicht so mineralhaltig, wohl aber riecht es vielerorts nach Schwefel. Auf jeden Fall kann es als heißes Wasser unmittelbar verwendet werden.

Früher war es in Reykjavík normal, dass heißes Wasser erst einmal stank und bei ständiger Verwendung z. B. den Schmuck verfärbte. In den Hotels und auch in Neubauten wird der Schwefelanteil mittlerweile reduziert, in alten Häuser erlebt man es heute noch.

Reykjavík liegt in einem Niedertemperaturgebiet, was im 19. Jahrhundert und bis Anfang des 20. Jahrhunderts vor allem für die Waschfrauen praktisch war, sie wuschen die Wäsche direkt in den heißen Quellen in Laugardalur (Tal der warmen Quellen).

43 Gesang

Im Land der Chöre

Man nehme 2,3,4 und mehr Isländer, gebe ihnen gutes Essen und gute geistige Getränke, so wird es nicht lange dauern, bis sie gemeinsam ein Lied anstimmen. Das Überraschende ist, dass Isländer richtig singen und nicht grölen. Zudem sind sie alle textsicher.

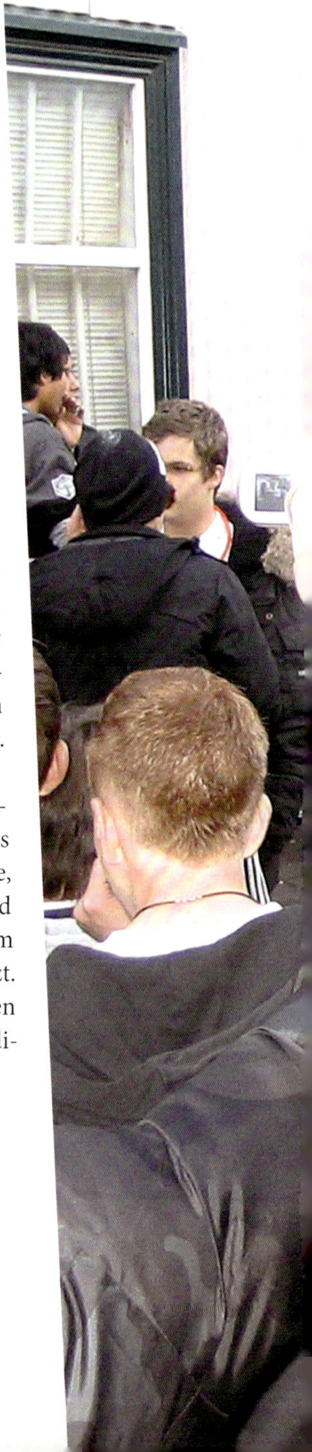

Singen gehört in Island zum Lebensgefühl, man macht es gern, oft und erstaunlich gut. Familientreffen, die regelmäßig in großem Stil stattfinden, sind ein guter Anlass, gemeinsam zu singen. Wenn man auf einer geführten Bustour ist, kommt es oft vor, dass zumindest ein Lied vom Reiseleiter gesungen wird, meistens das Sprengisandur-Lied, das wohl bekannteste Volkslied. A cappella!

Ich war häufiger bei Essen mit isländischen und vor allem skandinavischen Verlegern. Dort gehörte es zum Ablauf, dass gesungen wurde. Am besten waren immer die Isländer, die ein breites Repertoire und viele Verlagsangestellte mit schönen Stimmen boten. Leider waren die deutschen, eingeladenen Verleger die schlechtesten. Keiner konnte ein Lied vollständig singen.

Es gibt viele schöne Volkslieder und die Gesangstradition wird gepflegt. In fast jedem Ort gibt es mindestens einen Chor. In Reykjavík existieren (natürlich) mehrere, und einige sind so gut, dass sie regelmäßig ins Ausland eingeladen werden. Nachwuchsprobleme hat man hier im Land nicht, denn alle Stimmen sind ausreichend besetzt. Natürlich hat Island auch eine Oper zu bieten, und an den europäischen Opernhäusern gehören regelmäßig isländische Sänger zum Ensemble.

VIKING
VIKING
EON

Geysir
Das Wunder der Springquelle

Die Mutter aller Geysire ist in Island, denn immerhin wurden diese Springquellen schon im 17. Jahrhundert als solche benannt. Kein Reisender, der nicht den berühmten Geysir besuchen will, auch wenn einige vor lauter Autos und riesigem Souvenirladen die Attraktion nicht mehr sehen.

Gerade einmal 3 km² misst das Thermalgebiet im Haukadalur, auf dem sich der Stóri-Geysir, der Große Geysir, befindet. Bischof Brynjólfur Sveinsson erwähnte 1294 erstmals einen Ausbruch, 1647 wurde unter dem Namen »Geysir« über die Springquelle geschrieben. Schon zu dieser Zeit erkannte man, dass die Aktivitäten unmittelbar mit Erdbeben in Zusammenhang standen. So wurde der Geysir nach einer 40-jährigen Pause nach dem großen Beben von 1630 wieder aktiv.

Der Stóri-Geysir ist somit der Namensgeber für diese Springquellen, die in anderen Teilen der Welt erst im 19. Jahrhundert allgemein bekannt wurden. Geologen schätzen sein Alter aufgrund der Sinterablagerungen an seinem Becken auf rund 10.000 Jahre. Seine aktivste Zeit hatte der Große Geysir im 18. Jahrhundert, im Jahr 1772 schoss halbstündlich eine Wasserfontäne von bis zu 70 m empor. Durch die Jahre verringerte sich seine Tätigkeit, bis sie 1915 abbrach.

1935 grub man zur Reaktivierung des Großen Geysirs einen unterirdischen Kanal, der den Wasserspiegel und damit den Druck senkte. Der Erfolg der Maßnahme war beeindruckend, hielt aber leider nur bis 1964 vor. Nach einer weiteren siebenjährigen Ruhepause funktionierte die Springquelle nach dem Prinzip Zufall oder nur dann, wenn ihm einige Portionen Seife zugesetzt wurden. Die so provozierten Ausbrüche erinnerten sehr stark an überschäumende Waschkessel.

Erdbeben im Jahr 2000 belebten die Aktivitäten des Stóri-Geysirs erneut, sodass er hin und wieder auf natürliche Weise eruptiert. Doch sollte man nicht darauf warten. Faszinierend ist das fast kreisrunde, 14 m große Becken des Großen Geysirs mit alten Kieselsintern – mineralischen Ablagerungen –, deren feine Schichten eine Miniaturlandschaft bilden. In der Mitte des Beckens befindet sich die 2 m große Öffnung des Quellschachtes.

Zuverlässig dagegen schießt die Fontäne des kleinen Nachbarn Strokkur empor, nachdem 1963 sein Quellschacht gereinigt wurde.

Das Funktionsprinzip eines Geysirs studierte der deutsche Naturforscher Robert Bunsen 1846 auf seiner Islandreise. Er maß die Wassertemperatur an unterschiedlichen Stellen des Schachtes und stellte fest, dass sie in der Tiefe zunahm. Erklärung: Mit der Wassertiefe steigen der Wasserdruck und damit auch der Siedepunkt. Fällt der Wasserdruck, siedet das Wasser in der Tiefe und es kommt zum Ausbruch. Hinzu kommen noch mineralische Stoffe und der Luftdruck, die den Siedepunkt herabsetzen.

Doch so genau wollen es die meisten Besucher gar nicht wissen, Hauptsache es zischt und spritzt.

Glíma
Island ringt mit sich

Die traditionelle Form des isländischen Ringens war schon vor 1.000 Jahren ein beliebter Sport, auch wenn damals sicher die Grenzen zum realen Kampf noch fließend waren. Heute steht ein Denkmal in Geysir.

Erstmals erwähnt wurde der Name *Glíma* im 12. Jahrhundert, doch schon seit der Zeit der ersten Siedler sind Ringkämpfe bekannt. Das Besondere an dieser Form ist die Schnelligkeit und permanente Beinarbeit, die einzigen erlaubten Griffe sind die sogenannten Hosengriffe, die Anfang des 20. Jahrhunderts zu Gürtelgriffen umgewandelt wurden. Man führte einen speziellen Gürtel ein, der um die Taille und die Beine gebunden wird und eine senkrechte Verbindung zwischen den Gurten hat. Bei *Glíma* kommt es nicht nur auf körperliche Kraft und Gewicht an, sondern auf Geschick und Beweglichkeit.

Die absolute Hochzeit dieses Sports in der Neuzeit war Anfang des 20. Jahrhunderts, als er zugleich Ausdruck des nationalen Kampfgeistes war. 1906 fand die erste *Glíma*-Meisterschaft statt. Dem Sieger wurde – und wird – der Grettir-Gürtel verliehen, benannt nach dem berühmten Helden und Ringer aus der Saga-Zeit. Alljährlich im August finden in Bjarg in Nordwestisland, dem Geburtsort von Grettir dem Starken, die Grettir-Tage statt. Der Sieger des dortigen Ringerwettkampfs erhält den Gürtel.

1907 wurde der Kampf in Þingvellir ausgetragen und ging als das wohl größte Sportereignis in die Geschichte ein. »*Glíma* des Königs« lautete der offizielle Veranstaltungstitel und die Meister des ganzen Landes nahmen daran teil.

Jóhannes Jósefsson kam aus Akureyri und schwor die Ehre Nordislands im Wettstreit zu verteidigen. Jóhannes kam nicht nur in Island zu Ruhm, sondern ging als Artist in die USA. Als er 1927 wieder zurückkehrte, hatte er so viel Geld verdient – u. a. auch mit seinen *Glíma*-Fähigkeiten –, dass er das Hótel Borg in Reykjavík bauen ließ. Im Entree kann man Bilder aus seiner Zeit in den USA sehen, auf denen er mit seinem Hut an einen isländischen Buffalo Bill erinnert.

Bis zum Zweiten Weltkrieg war *Glíma* sehr populär, während der Olympischen Spiele 1936 in Berlin wurden sogar Schaukämpfe vorgeführt. Doch nach 1945 kam es zu einem Einbruch. In den letzten Jahrzehnten hat sich die Situation wieder gebessert. Jugendlichen und Frauen ist es heute gestattet, an Ringkämpfen teilzunehmen, außerdem konnte *Glíma* als Sportart in den Grundschulen etabliert werden. Gewisse Ressentiments bei jungen Leuten sind dennoch geblieben, denn die traditionelle Sportbekleidung ist nun alles andere als cool: Strumpfhose und Griffgürtel.

Doch *Glíma* wird als Sportart sicher nicht verschwinden, denn es gibt eine internationale Vereinigung, in der vor allem die skandinavischen Länder gut vertreten sind, und regelmäßig werden länderübergreifende Wettkämpfe ausgetragen.

Informationen über das Regelwerk und die Griffe sowie den Link zu den deutschen Glíma-Freunden findet man auf der Website www.glima.is.

Golf
Familiensport auf dem Grün

Wer an Island denkt, assoziiert damit nicht zuerst Golf. Das ist doch eher eine Sportart, die in Großbritannien oder den USA gepflegt wird. Oh nein! Allein siebzehn 18-Loch-Golfplätze gibt es auf der Insel. Davon sind die meisten zwar in und um Reykjavík, aber gespielt wird überall.

Es ist wahrlich keine neue Entwicklung, denn in den 1980ern hatte Heimaey schon seinen wunderschönen Platz, eine Mischung aus Lava und Grün in unmittelbarer Meeresnähe. Nun, wie viele Bälle die Seevögel erschreckt und die Fische irritiert haben werden, kann man nur mutmaßen. Auf jeden Fall war immer Leben auf dem Platz, denn Golf ist ein Familiensport. Bei Wind und Wetter tummeln sich hier Jung und Alt, man geht von rund 35.000 isländischen Spielern aus, das sind 10 % der Bevölkerung.

Für die Gestaltung der Anlagen braucht es keine berühmten Platzdesigner oder Architekten, das erledigt die Natur. Vor allem die Plätze in der Lava sind faszinierend. Insgesamt gibt es 65 Golfplätze, die meisten sind 9 Loch-Anlagen. Es überrascht schon, wenn kleine 500-Einwohner-Gemeinden ein Grün ihr Eigen nennen. Das Schöne im Sommer ist, dass man bis Mitternacht spielen kann. Entsprechend ist eines der bekanntesten Turniere das *Arctic Open,* das jedes Jahr im Juni – kurz nach Mittsommer – in Akureyri ausgetragen wird. Rund 120 internationale Teilnehmer kommen dann zusammen. Anschließend kann man noch am *Icelandair Volcano Open* auf Heimaey teilnehmen.

Wer nicht über die entsprechende Qualifikation und das Handicap für die Turniere verfügt, versucht es einfach ohne Wettkampf, denn alle Plätze stehen Besuchern offen.

47 Grillen

Ob's stürmt oder schneit, der Grill steht bereit

Grillen erfreut sich in Island der gleichen Popularität wie in Deutschland, der einzige wichtige Unterschied ist: Es wird auch im Regen gegrillt. Beliebtestes Grillgut sind Lammkoteletts, die man im Sommer säckeweise kaufen kann.

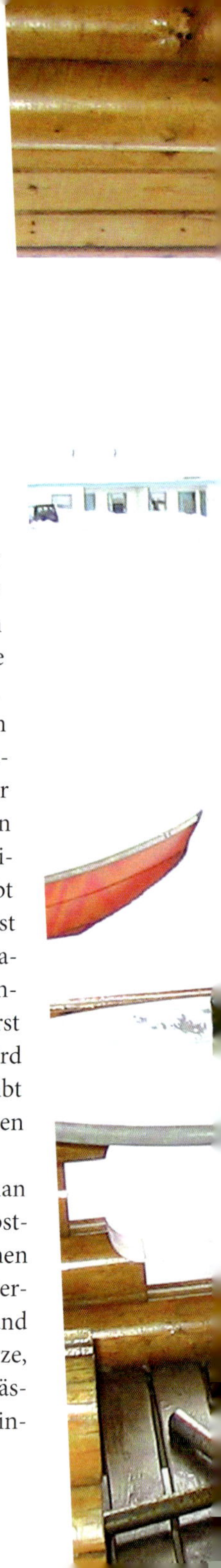

Normalerweise schenke ich Grillen wenig Beachtung, aber in Island hat es mich doch richtig verblüfft. Während ich auf dem Zeltplatz in meinem Zelt saß und den Regen verfluchte, standen draußen die Isländer im Regen und grillten munter ihr Fleisch. Natürlich war der Grill etwas geschützt, sonst wäre es eine gar zu rauchige Angelegenheit geworden. Die Gruppe stand munter zusammen, in der einen Hand eine Dose Bier und in der anderen das fertige Lammfleisch. Damals dachte ich nur: »Die spinnen, die Isländer.« Heute habe ich mich angepasst: keine Reise ohne Grill.

Die Grillsaison wird am ersten Sommertag eröffnet, dem 3. Donnerstag im April, sicher kein Datum, das gutes Wetter garantiert. Ob auf dem Balkon, im Garten, im Sommerhaus oder Zeltplatz, es geht wieder los. In den Geschäften stehen die neuen Grillmodelle, einige haben die Größe und bieten die Möglichkeiten einer kleinen Küche. Sehr beliebt ist Gas, aber natürlich gibt es genauso den traditionellen Kohlegrill. Wer durchs Land reist und hin und wieder in einem Sommerhaus übernachtet, sollte darauf achten, dass ein Grill auf der Terrasse steht, das gehört einfach dazu. Oft muss man in Kauf nehmen, dass man den Rost erst einmal gründlich reinigen muss – eine dicke Ruß-Fett-Schicht wird ihn gleichmäßig schwarz gefärbt haben. Passend zur Grillsaison gibt es dann die Sonderangebote mit gefrorenen oder fertig marinierten Lammkoteletts.

Das Schöne am Grillen ist der kommunikative Moment, man grillt natürlich in der Gruppe, vor allem am Wochenende. Selbstverständlich zeigt sich auch ein Präsidentschaftskandidat mit seinen Freunden am Grill auf einem öffentlichen Platz. Anfang der 2000er-Jahre gab es auch im Fernsehen eine Sendung: »Grillen am Strand vom Nauthólsvík in Reykjavík«. Der Gastgeber stand in der Schürze, wendete elegant das Fleisch und plauderte munter mit seinen Gästen. Mit Verspätung hat dieses Format jetzt auch in Deutschland Einzug gehalten. Isländer sind eben Trendsetter.

48 Grímsey
Willkommen am Polarkreis

Islands nördlichste Insel? Nein, aber die nördlichste, bewohnte Insel und der Ort, wo man den Polarkreis überschreiten kann. Ansonsten ist das nette Eiland vor allem ein Vogelparadies, sehr geschätzt bei den Freunden der Papageitaucher.

5,3 km^2 misst die Fläche, begrenzt von Basaltklippen und grünen Wiesen. Man braucht knapp einen Tag, um sie zu umrunden, und hat dabei ausreichend Zeit, mit den Vögeln zu sprechen. Man muss sie nämlich versöhnlich stimmen, denn die Bewohner der Insel rauben gern die Eier der Vögel und kochen sie. In der restlichen Zeit leben die Grímseyer vom Fischfang und den Touristen, die hierher kommen, um über den Polarkreis zu schreiten.

41 km ist Grímsey vom »Festland« Island entfernt. An sich nicht weit, aber an Tagen mit bewegter See kommen etliche Besucher recht grün im Gesicht an. Sie erholen sich meist schnell und rennen zum Polarkreis.

Die Zahl der fröhlichen Bewohner hat etwas abgenommen, aktuell sind es 66, die hier leben. Sie interessiert der Polarkreis nur als Produkt, ansonsten fangen sie Fische und mähen ihre Wiesen.

Noch eine Anmerkung zur wirklich nördlichsten Insel: Es ist Kolbeinsey und sie liegt noch 67 km entfernt von Grímsey. Einst war sie ein Schildvulkan, jetzt ragen gerade noch 8 m aus dem Meer, Tendenz schrumpfend.

Grimsey
New York 4445 km
Reykjavik 325 km

Grönland
Gut fürs eigene Gefühl

Island und Grönland sind zunächst nur Nachbarn und haben ansonsten wenig bis gar nichts miteinander zu tun; allein aus geologischer Sicht trennen sie Jahrmilliarden. Doch gibt es einige Jahrhunderte gemeinsamer Geschichte.

Als anlässlich der 1.000-Jahr-Feier der Christianisierung und der Fahrt Leif Eiríkssons nach Kanada in Grönland große Feierlichkeiten stattfanden, trafen sich damals – im Jahr 2000 – die Vertreter von Dänemark, Island, Färöer und Grönland. Der damalige isländische Präsident Ólafur Ragnar Grímssson legte viel Wert darauf, dass es letztlich ein Isländer gewesen sei, dem diese Ehre gelte. Nun, die grönländischen Vertreter sahen und sehen die Historie differenzierter. Seit 2500 v. Chr. leben Inuit in Grönland, haben sich mit dem Klima arrangiert und waren und sind entsprechend angepasst. Die isländische Besiedlung dauerte dagegen gerade einmal 500 Jahre – und danach verließ man Grönland wieder, vor allem wegen des Klimas.

Doch ungeachtet der Geschichte und Grönlands Größe, der Blick der Isländer auf die Nachbarn ist nicht selten etwas gönnerhaft. Noch in den 1990er-Jahren war gar eine gewisse Verachtung der Isländer gegenüber den Grönländern an der Tagesordnung, nicht zuletzt wegen deren Trinkgewohnheiten. An sich sehr amüsant, wenn man von außen darauf blickt, aber diese Geringschätzung bricht sich auch heute noch Bahn.

Man kann sich in Island nicht vorstellen, dass die wenigen Bewohner etwas Großes leisten können. Beruhigt hat man daher zur Kenntnis genommen, dass das Projekt Off-Shore-Ölförderung in Grönland wieder zu den Akten gelegt wurde und auch die Förderung der Bodenschätze nicht so schnell vonstattengeht. Man stelle sich vor, die Grönländer würden plötzlich reicher als die Isländer?

Es ist schon gut, dass man diesen »kleinen« Nachbarn hat, das hebt das eigene Selbstbewusstsein doch immens. Wirtschaftliche Verbindungen sind ja durchaus gern gesehen, sofern sie von Island ausgehen, und Kooperationen werden auch getätigt, sofern sie Island nützen. Aber Grönland als gleichwertigen Partner ansehen? Das wird noch dauern.

50 Guðríður Þorbjarnardóttir

Die weit gereiste Frau

Keine Frage, die Isländer sind stolz auf ihre Frauen, besonders wenn sie so herausragende Erscheinungen waren wie Guðríður Þorbjarnardóttir, die wohl am weitesten gereiste isländische Frau im Mittelalter. Deshalb ehrt man sie auch gleich mit zwei Denkmälern.

Guðríður Þorbjarnardóttir war die Tochter des angesehenen Bauern Þorbjörn Vífilsson, der zwar einen großen Hof in Laugarbrekka bei Hellisvellir hatte, aber nicht genügend finanzielle Mittel, um diesen auch zu erhalten. Daher entschied er sich, die Reise zu seinem Freund Erík in Grönland anzutreten. Seine Tochter Guðríður heiratete Þorsteinn, Eiríks zweiten Sohn. Leifur, Eiríks ältester Sohn, hatte neues Land im Westen entdeckt, das er »Vínland« nannte. Auch Þorsteinn machte sich dorthin auf, doch er verstarb auf der Reise. In der »Saga von den Grönländern« erscheint der tote Þorsteinn seiner Frau und sagt ihr eine glückliche Zukunft voraus.

Guðríður zog als Witwe nun auf den Hof von Eirík und Leifur nach Brattahlíð. Hier lernte sie einige Zeit später den reichen Kaufmann und Großbauern Þorfinnur Karlsefni kennen, der sie bald heiratete. Zusammen mit 160 weiteren Siedlern brachen sie nach Vínland auf. In den zwei Jahren ihres Aufenthalts gebar sie ihren Sohn Snorri, der damit der erste »kanadische« Isländer war.

Nach diesem Ausflug ging die Familie zurück nach Island, wo Karlsefni in Glaumbær einen Hof errichtete. Nach Karlsefnis Tod wurde Guðríður die Herrin des heimischen Hofes, bis Snorri ihn übernahm. Frei aller Pflichten reiste sie zunächst nach Norwegen und pilgerte anschließend nach Rom. Nach ihrer Rückkehr lebte sie als Nonne und Einsiedlerin in einer kleinen Kirche, die Snorri auf dem Hof errichtet hatte.

Natürlich verehrt man diese beachtenswerte Frau, die als erste Frau im Mittelalter von Kanada bis nach Südeuropa gereist war. Es gibt gleich zwei Denkmäler von ihr, in Laugarbrekka und in Glaumbær, wo sich heute ein Museumshof befindet. Während ihre männlichen Zeitgenossen als überlebensgroße Monumente herumstehen, ist ihre Skulptur allerdings eher »unterlebensklein« zu nennen. Etwa 70 cm misst sie, den kleinen Snorri auf ihrer Schulter mitgerechnet. Soviel zur Gleichberechtigung in Island.

Hákarl

Nase zu und durch

Jeder Isländer testet mit Vergnügen die Leidensfähigkeit der Touristen – gern werden dafür kleine, helle Fleischstückchen gereicht, unschuldig auf Zahnstocher aufgespießt. Natürlich muss man diese isländische Delikatesse probieren, bei der man am besten sofort einen Brennivín zum Nachspülen trinkt.

Hákarl ist fermentierter Hai, genauer Grönlandhai. Das Fleisch des Grönlandhais ist aufgrund des hohen Harnstoffgehalts giftig und kann daher nicht frisch gegessen werden. Damit der Harnstoff entweicht, legt man die geköpften und ausgenommenen Fische unter Steine. Früher legte man Fische und Steine in eine Grube und deckte alles mit Geröll und Sand zu. Nach 6 bis 12 Wochen – je nach Jahreszeit – wurde alles wieder nach oben geholt und der Fisch noch zwei bis vier Monate getrocknet. Das Eingraben hat man heute durch Lattenholzkisten ersetzt, in denen der Hai entsprechend lange liegt.

Einer der Höfe, wo diese besondere Köstlichkeit noch produziert wird, ist Bjarnarhöfn auf der Snæfellsnes-Halbinsel. Seit Generationen verarbeitet man hier Hákarl auf immer gleiche Weise. Nur, dass das Leben der Haifischfänger früher ungemein hart war. In kleinen Ruderbooten fuhren die Männer aufs offene Meer, um Beute zu machen.

Damals war Hai nahezu ein Grundnahrungsmittel, heute ist vor allem Hákarl ein Snack für besondere Gelegenheiten, hübsch im Glas oder in Folie verpackt. Etwas gewöhnungsbedürftig ist der Ammoniakgeruch, den der fermentierte Hai verströmt und der sich auch im Geschmack niederschlägt. Genau deshalb ist das Probieren fast eine Mutprobe. Wer es einmal versucht hat, wird entweder ein Fan oder strikter Gegner dieser Delikatesse. In Kombination mit süßem Roggenbrot und Brennivín ist er durchaus genießbar, zumindest einmal.

Das alte Haifischfangboot Ófeigur, bis 1915 im Einsatz

Halldór Laxness
Die kritische Stimme der jungen Nation

Auf die Frage, ob es einen Nationaldichter in Island gibt, werden sicher viele der Generation 45+ mit »Ja« antworten und Halldór Laxness nennen. Er war für Jahrzehnte die kritische Stimme im Land, nicht immer zur Freude der Isländer.

Rund 60 Bände umfasst sein veröffentlichtes Werk, das bis heute immer wieder in zahlreichen Sprachen aufgelegt wird. Auch in der isländischen Gegenwartsliteratur findet man häufig Anspielungen und Bezüge. Diese Liebe und Verehrung für Halldór Laxness bestand aber nicht von Beginn an. Schon mit 13 Jahren wollte der Junge Halldór nichts anderes als Autor werden, und als er 1919, nunmehr 17-jährig, nach Kopenhagen ging, schrieb er an seine Tür *»Halldór frá Laxnesi – Poëta«*. Er reiste durch Europa und atmete die Luft der Metropolen. 1923 konvertierte er zum Katholizismus, ging ins Kloster – und rettete sich so vor möglichen Verpflichtungen aus einer Vaterschaft. Als 1927 sein erster Roman in Island erschien, wurde offensichtlich, dass er mit allem, was den Isländern heilig war, gebrochen hatte: der Natur, den Sagas und der Fischerei.

Im selben Jahr reiste er in die USA in der Überzeugung, ein begnadeter Drehbuchautor zu sein. Diese Selbsteinschätzung stellte sich als falsch heraus, seine Veröffentlichungen beschränkten sich auf einige Zeitungsartikel in Island, in denen er die armeseligen Lebensbedingungen der isländischen Fischer und Bauern beklagte, und Rezensionen von Upton Sinclairs Romanen, die ihm fast eine Ausweisung aus den USA eingebracht hätten.

Laxness brach schließlich seine Zelte in den USA ab und wandte sich nach seiner Rückkehr dem Sozialismus zu, der sich auch in seinen Romanen (beispielweise in *Salka Valka*) widerspiegelt. Mit *Sein eigener Herr* kritisierte er die Bauernkultur, was die isländische Bauernpartei gegen ihn aufbrachte.

Laxness bereiste die UdSSR, selbst an den Moskauer Prozessen nahm er als Beobachter teil. 1938 gehörte er dann zu den Gründungsmitgliedern der Sozialistischen Partei in Island. Erst mit seinem Roman *Islandglocke,* 1941 erschienen, konnte er die Liebe der Isländer gewinnen. Jetzt hatten sie eine Freiheitsschrift, ihr Nationalepos.

Als sich die isländischen Politiker 1946 für den Keflavík-Vertrag entschieden und damit für die Stationierung amerikanischer Truppen, wandte sich Laxness mit seinem Roman *Atomstation* vehement dagegen. Wieder galt Laxness beim Establishment als Persona non grata, allein der Nobelpreis für Literatur, den er 1955 erhielt, versöhnte etwas. Die konservativen Isländer hätten den Preis allerdings lieber Gunnar Gunnarson gegeben.

Halldór Laxness schrieb noch bis 1968 Romane und verlegte sich danach auf Essays und vor allem auf Erinnerungsbücher. Völlig versöhnt mit ihm waren die Isländer, nachdem er dem Sozialismus abgeschworen hatte – unmittelbar nach dem Einmarsch sowjetischer Truppen in Ungarn. Im Grunde war Laxness desillusioniert und sprach jetzt lieber über Musik. Als er dement wurde, verblieb ihm das Klavierspiel noch recht lange, die Fähigkeit zu schreiben und zu lesen hatte er da schon verloren. Am 8. Februar 1998 starb er.

Bei einem Besuch seines Wohnhauses bei Mosfellsbær kann man wunderbar in seine Welt der Literatur, Kunst und auch der Natur eintauchen. (www.gljufrasteinn.is)

Hallgrímskirkja
Das Meisterwerk des Betonarchitekten

Weit sichtbar auf einer Höhe stehend ist Hallgrímskirkja bzw. die Hallgrímskirche das Wahrzeichen Reykjavíks. Das Kreuz auf dem Turm leuchtet. Wenn man von Norden kommt und den Hvalfjörður erreicht hat, sieht man die Kirche. Für Reykjavíker heißt das, dass sie bald zu Hause sind.

Islands größte Kirche bietet Platz für 1.200 Besucher und ist wahrlich ein Jahrhundertprojekt zu nennen. Islands erster und einziger Staatsarchitekt, Guðjón Samúelsson, arbeitete von Beginn an mit Beton. Ein großflächiger Brand hatte 1915 viele Häuser zerstört, deshalb durfte in der Stadt nicht mehr mit Holz gebaut werden. Guðjóns erste Überlegungen für eine Kirche an dieser Stelle stammen von 1927, damals noch Teil eines Gesamtkonzeptes für den Platz. Mit dem Bau der heutigen Kirche wurde 1945 begonnen, basierend auf einem Entwurf von 1937.

Wenn man sich von dem alten Zentrum nähert, so hat man immer den mächtigen, 73 m hohen Turm im Blick. Rechts und links von ihm reihen sich weitausladend Säulen auf, die an Basaltsäulen erinnern. Sie sind ein Stilelement des Architekten und tauchen an mehreren seiner Gebäude auf, wie dem Nationaltheater oder der Kirche in Akureyri. Bis 1986 dauerte die Fertigstellung, nicht zuletzt, weil die Baukosten zu 40 % über Spendengelder finanziert wurden.

Regelmäßig sieht man die Kirche eingerüstet, denn immer wieder fallen Reparaturen vor allem am Turm an. Von diesem hat man einen hervorragenden Blick auf die Stadt. Geht man um das Gebäude herum, überrascht einen ein stilistisches Gemenge aus Neugotik und Zwiebelkuppel, alles etwas überdimensioniert. Innen empfängt einen eine helle Halle, protestantisch schlicht. Überwältigend ist die Akustik, entsprechend finden die Konzerte auf der Klais-Orgel großen Anklang bei den Bürgern. Anbei, Gottesdienste an hohen Feiertagen sind hier gut besucht und die 1.200 Plätze fast komplett besetzt.

54 Handball
Die wahren Wikinger

Lange bevor Island als hoffnungsvolle und aufstrebende Fußballnation wahrgenommen wurde, erlangte die Handball-Nationalmannschaft schon internationale Siege. Hier sind Männer wie Frauen gleichermaßen erfolgreich.

Schon in den Sagas schätzten die Menschen die sportlichen Leistungen der Helden. Gunnar – strahlende Figur in der Njáls-Saga – sprang in vollständiger Bewaffnung so hoch wie er groß war. In der Neuzeit sind die beliebtesten Helden die Handballspieler, auch »unsere Jungs« genannt. 2008 holten sie bei den Olympischen Spielen in Peking Silber und 2010 bei der Europameisterschaft Bronze. Etliche Spieler unterstützen und verstärken Handballteams in Europa. Der derzeitige Trainer der deutschen Handball-Nationalmannschaft ist der Isländer Dagur Sigurðsson, der von 1996 bis 2000 für den LTV Wuppertal gespielt hatte und seitdem international als Trainer arbeitet. Zuerst war er in Japan (Hiroshima) und später auch in Österreich tätig. Im bekannten Handballverein VfL Gummersbach spielen regelmäßig Isländer, kurz: Ohne sie geht im Handball nicht viel.

Begonnen hat die professionelle Arbeit in den 1980er-Jahren mit Trainern aus dem damaligen Ostblock. Gute Hallen und optimale Jugendförderung machten den Sport schnell beliebt und erfolgreich.

Auf der Insel gibt es insgesamt acht Teams in der Ersten und zehn Teams in der Zweiten Liga. Ein Nachteil ist, dass die Mehrheit der Spieler nur auf Amateurbasis dem Handballsport nachgehen kann und somit tagsüber einen regulären Job ausüben muss. Nur etwa 5 bis 10 % können vom Sport leben, mit ein Grund, weshalb viele in die europäischen Profiligen wechseln.

Wenn die Trainer ein Talent erkannt haben, spielen und trainieren die Jugendlichen häufig schon mit 10 Jahren mit älteren Mitspielern. Mit 17 Jahren spielen viele im Seniorenbereich, es gibt sogar 15-Jährige, die bereits in der Ersten Liga agieren und sich dort auch durchsetzen.

Die Wettkämpfe im Land sind Publikumsmagneten, und was »unsere Jungs« im Ausland treiben, wird genau beobachtet und kommentiert.

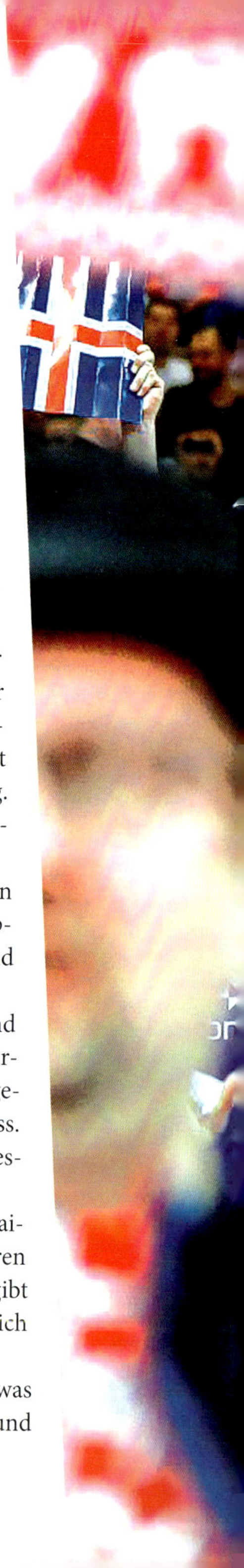

Harpa
Imposantes Klangkunstwerk

Dieses beeindruckende Bauwerk, das einen von der Seeseite begrüßt, wenn man sich Reykjavík nähert, ist preisgekrönt und völlig überraschend für eine so kleine Hauptstadt.

Damals, als das Geld an Islands Bäumen – zumindest denen in Reykjavík – zu wachsen schien, dachten alle ganz groß. Ein Konzert- und Kongresszentrum sollte her. Mehrere Konzertsäle mit Platz für das hervorragende Symphonieorchester, das sein Dasein bis dahin in dem alten Universitätskino fristete, sahen die Pläne vor. Es sollte ein Jahrhundertbauwerk werden. Doch dann kam der Finanz-Crash 2008 und das Ganze drohte eine Jahrhundertbaustelle bzw. -ruine zu werden. Trotz aller Staatsschulden entschieden die Isländer, den Bau fertigzustellen. Perfekt!

Jetzt haben die Isländer nicht nur eines der schönsten Konzerthäuser der Welt, sondern sie haben auch gleichzeitig ein Kunstwerk. Der dänisch-isländische Lichtkünstler Ólafur Elíasson – der zudem auch noch in Berlin lebt – gestaltete die Fensterfront zur Stadt mit Prismenfenstern, die mit LEDs ausgestattet sind und mit der Musik gesteuert werden können. In unterschiedlichen Farben tanzt die Fassade.

Aber auch die übrigen Fenster reflektieren und schimmern im Sonnenschein, je nach Wetter von Gold bis Blau, Grün, Violett. Als im August 2011 die LEDs zum ersten Mal leuchteten, waren die Betrachter etwas enttäuscht, denn der Künstler hatte – als kleinen Scherz – eine sehr schlichte Programmierung der Lichtinstallation gewählt.

Mittlerweile sind die Reykjavíker wieder versöhnt, erstrahlt die Fassade doch seitdem immer wieder in neuer Form. *Harpa* (die Harfe) ist damit schon längst zum neuen Wahrzeichen der Stadt geworden.

Herðubreið
Die Schönheit im Hochland

Weithin sichtbar ragt der formvollendete Tafelberg aus seiner Umgebung empor. Rund 1.000 m erhebt er sich über das Hochland, insgesamt wird seine Höhe mit 1.682 m angegeben. Allein 150 m hoch ist sein Krater.

Herðubreið ist der Prototyp eines Tafelberges, entstanden während der letzten Kaltzeit unter einem 1.000 m dicken Eispanzer. Die typische Form bildet sich, wenn ein subglazialer Ausbruch die Eisdecke durchbricht und Lava fließen kann. Bei Herðubreið ist eine breite Lavaschulter entstanden und versetzt darauf der Krater. Aus der Ferne gleicht der Berg einer Pagode in der grauen Weite, die südlich gelegenen Ausläufer verbindet man nicht mit dem Berg. Herðubreið gilt schon lange als Königin der isländischen Berge, was durch eine Volksabstimmung 2003 bestätigt wurde.

Zu Füßen der Schönheit inmitten des Naturreservat Herðubreiðarlindir liegt die kleine, gleichnamige Oase. Grün mit zahlreichen Büschen und Blumen, dazu ein kleiner Bach, Vögel zwitschern vielstimmige Melodien. Der berühmte Eyvindur (siehe Seite 64), der Gesetzeslose, dem man so häufig im Hochland begegnet, hat hier einen der härtesten Winter verbracht.

Der Berg ist eine Herausforderung. Das lose Gestein erschwert den Aufstieg und kurz vor dem Plateau erwartet einen ein steiler Felsrand. Erst 1908 gelang Hans Reck und Sigurður Sumarliðason der Aufstieg. Beide begleiteten damals Ina von Grumbkow, die Spuren ihres verschwundenen Verlobten Walther von Knebel finden wollte. Der Aufstieg brachte die Erkenntnis, dass auf dem Plateau des Berges kein Gletscher ruht, wie es in damaligen Karten noch eingetragen war.

Ina vom Grumbkow beschrieb die Majestät des Berges in ihrem Bericht *Ísafold:* »Von Süden sieht der Berg völlig uneinnehmbar aus, ein wundervolles Motiv für ›Walhalls leuchtende Burg‹ einer Weltenbühne, auf der die Helden der Edda die hehre Einsamkeit zu beleben scheinen.«

Treiben (anbei: der Berg ist eine »Sie«). 1104 hat der Ausbruch zur Vernichtung eines ganzen Tals geführt. Alle Höfe verschwanden unter Asche, Menschen und Tiere starben oder flohen. Der längste Hekla-Ausbruch begann am 5. April 1766 und endete im Mai 1768. Rund 20 Ausbrüche hat es seit der Besiedlung des Landes gegeben, allein zwölf zwischen 1104 bis 1693. So überrascht es nicht, dass auf der berühmten Mercator-Karte von Island Hekla als feuerspeiend dargestellt ist. Die Menschen glaubten damals, dass hier ein Eingang zur Hölle sei. Sie behaupteten, die verlorenen Seelen als Feuervögel in den feurigen Phasen gesehen zu haben. Eine Vorstellung, die gut ins mittelalterliche Weltbild passte.

In den letzten 50 Jahren kommt es etwa alle 10 Jahre zu einer Eruption, doch meist in wesentlich schwächerer und vor allem kürzerer Form. Damit kann man in Island sehr gut leben.

Hekla

Die wilde Dame unter den Vulkanen

Wenn es einen Vulkan gibt, der weit über die Grenzen Islands bekannt ist, dann ist es Hekla. Wütende und zerstörende Ausbrüche, die die Menschen seit dem Mittelalter in Schrecken versetzen, machten sie berühmt. In den letzten Jahrzehnten verhält sie sich gemäßigter.

Hekla ist eher ein Massiv als ein Berg, das man von etlichen Punkten im Südwesten des Landes sehen kann, immerhin ragt es 1.441 m empor. Häufig ist der Gipfel von Wolken umkränzt und relativ lange im Jahr mit Schneefeldern bedeckt. Der Aufstieg ist nicht so schwer, zumal ein richtiger Isländer auch gern so weit wie möglich mit dem Jeep hinauffährt. Als ich vor Jahren mit dem isländischen Wanderverein eine Tour gemacht habe, war es ein vergnüglicher Ausflug für Jung und Alt. Der älteste Teilnehmer war um die achtzig Jahre alt. Im Sommer lieben es Isländer, erst um 22 oder 23 Uhr loszugehen – richtig dunkel wird die Nacht nicht.

Das, was Hekla ausmacht, ist aber nicht die alpine Herausforderung, sondern ihr vulkanisches

58 Hering
Silberne Zeiten

Das »Silber des Meeres« hat immer wieder für enormen Reichtum im Land geführt – zumindest der Unternehmer. Tausende Isländer fanden Arbeit in boomenden Heringsorten. Diese goldenen Zeiten beschleunigten die isländische Unabhängigkeit und regten etliche Autoren zu wunderbaren Romanen an.

Begonnen hat alles im 19. Jahrhundert mit den Norwegern, die über geeignete Schiffe verfügten und den Fang von Heringen professionell in isländischen Gewässern betrieben. Doch lediglich 20 Jahre dauerte der erste Boom und dann machten kalte Winter und viel Eis dem weiteren Fang ein Ende. 1903 kamen die Norweger zurück mit einer neuen Netztechnik. Heringsorte mit Fabriken entstanden und damit Arbeit für die Isländer. Rund zehn Jahre später übernahmen auch die Isländer Fang und Vermarktung der reichen Beute.

Nicht nur der Fisch als solcher wurde – gesalzen – weltweit verkauft, sondern auch Fischöl für die Industrie und Fischmehl. Ein Zentrum für die Verarbeitung und den Versand war Siglufjörður in Nordisland. In den 1950er-Jahren lebten hier rund 3.100 Menschen, kaum vorstellbar, wenn man heute den zwar reizend gelegenen, aber verschlafen wirkenden Ort sieht. Doch wie Fische nun mal sind, irgendwann ziehen sie weiter oder sind einfach abgefischt. Schon in den 1960er-Jahren war es soweit: Das Heringsglück war zu Ende.

Heute erinnert ein ausgezeichnetes Museum in Siglufjörður an diese Zeit. Aber auch in anderen Regionen, wie dem Nordwesten, stehen die verlassenen Heringsfabriken, die nur noch ganz von Ferne das ehemalige Leben erahnen lassen.

Viele Frauen zogen damals in die Fischfabriken, wo sie lebten und liebten, so geschildert in Kristín Baldursdóttirs Roman *Die Eismalerin.* Wirtschaftlich spielt der Hering in der Gegenwart keine große Rolle, aber als Frühstück gehört er dazu. Wobei es sich dann meist um importierten handelt.

59 Hochland

Das große, graue Traumland

Mit seiner Weite und Stille ist das Hochland nicht nur die schönste Landschaft Islands, sondern auch die größte Wildnis Europas. Eine Region, die für viele noch immer eine Herausforderung darstellt.

Das Hochland umfasst mehrere Gebiete in Island, im Grunde alle Landesteile, die über 600 m Höhe liegen. In Summe kommt eine Fläche von 37.700 km^2 zusammen, das ist mehr als ein Drittel des Landes. Doch wenn vom Hochland gesprochen und geschrieben wird, so meint man damit meist das zentrale Hochland, das schon ab 500 m Höhe beginnt. Ein Gebiet, das sich im Westen vom Tal Kaldidalur bis in den Osten nach Lónsöræfi erstreckt. Der nördlichste Punkt liegt bei Ásbyrgi und im Süden gehören die Gletscher Eyjafjallajökull, Mýrdalsjökull und natürlich Vatnajökull dazu.

Die in der Mitte der Insel gelegene Landschaft lockt die Reisenden, sie zu besuchen und zu durchqueren, denn sie ist eine Herausforderung. Es handelt sich um weitläufige Lava- und Geröllflächen, meist bar jeder Vegetation, sogenannte »edaphische Wüsten«. Trotz der großen Gletscher gibt es vergleichsweise wenige Abflüsse, die auch zu Flüssen werden, das meiste Schmelzwasser versickert in dem

porösen und lockeren Gestein. Auch die Niederschlagsmengen würden für Pflanzenwuchs ausreichen, doch das kostbare Nass verschwindet ungenutzt. Zurück bleibt eine Landschaft in allen Grauvarianten, aus der einzelne Vulkane herausragen.

Wer sich hierhin begibt, muss vorbereitet sein: Wanderer brauchen ausreichend Wasser und gute Orientierung. Jeepfahrer sollten die Tücken und Gefahren der teilweise scharfkantigen Lava für die Reifen bedenken und genau auf die Wegmarkierungen achten. Zudem können die plötzlichen Wetterumschwünge alles verhüllen. In einigen Teilen befindet sich viel Bimsstein, der bei den regelmäßig auftretenden Stürmen zu Sandstürmen aufgewirbelt werden kann. Feinster Sand, der sich zu braunen Wolken verdichtet und durch alle Poren und Ritzen dringt, ein wahrlich unangenehmes Erlebnis. Man meint, noch tagelang den Sand zwischen den Zähnen zu spüren.

Wer sich im Hochland aufhält, hört plötzlich, dass er nichts hört, außer den eigenen Geräuschen der Ohren: keine Vögel, keine Insekten. Das ist eine überraschende Erfahrung, die manch einer auch als verstörend erlebt hat, da wir völlige Stille nicht gewohnt sind.

Höfði
Das weiße Haus der weißen Frau

Wenn es ein Gebäude in Island gibt, das Kultstatus genießt und international bekannt ist, dann dieses relativ kleine, weiße Haus am Meer in Reykjavík. Offiziell ist es das Empfangshaus der Stadt.

Weltweit bekannt wurde Höfði im Herbst 1986, als sich der damalige amerikanische Präsident Ronald Reagan und der damalige sowjetische Generalsekretär Mikhail Gorbatschow hier trafen. Es war ein Gespräch, bei dem es vor allem um den bilateralen Abbau von Nuklearwaffen ging. Nun, Isländer sind nicht unbedingt bescheiden, für viele war das der Beginn für den Zerfall der Sowjetunion und die Wiedervereinigung Deutschlands. Auf jeden Fall war es ein denkwürdiges Treffen mit bekannten Bildern von Reagan im Anzug auf der Treppe, wie er den mit Wintermantel bekleideten Gorbatschow begrüßt. Hier sollte sich zeigen, wer der Robustere ist.

Aber auch die Geschichte des Hauses selbst ist interessant. Es wurde 1909 für den französischen Konsul Jean Brillouin errichtet und war später Wohnstatt des isländischen Dichters und Geschäftsmannes Einar Benediktsson (1864–1940). In den 1940er- und 50er-Jahren befand sich hier die britische Botschaft. 1958 hat es dann die Stadt Reykjavík gekauft.

Das Haus ist erfüllt von Geistergeschichten, so soll eine junge Frau regelmäßig poltern, eine Selbstmörderin, im Volksmund auch als »Weiße Frau« bezeichnet. In einer anderen Geschichte heißt es, dass das Haus auf einem Wikingergrab errichtet worden sei. Regelmäßig würden deshalb die Barbestände geplündert. Niemand vermag die Geister zu bestätigen, aber keiner leugnet sie. Man kann ja nie wissen ...

Hofsós
Das Tor zur Neuen Welt

Ein kleiner Ort, pittoresk anzusehen und malerisch im Norden Islands gelegen, ist zum Zentrum für die Geschichte der Auswanderung der Isländer im 19. Jahrhundert geworden. Ein damals weiteres trauriges Kapitel in der isländischen Historie, doch heute ein Ort für Begegnung und Austausch.

Die letzte große Auswanderungswelle fand 2008 nach der Wirtschaftskrise statt, etliche Isländer zog es in die USA und nach Kanada, die meisten aber nach Norwegen. Erstmals seit Jahrzehnten führte dies zu einem Schrumpfen der Bevölkerung. Doch war das kein Vergleich zu den Zahlen zwischen 1870 und 1914, damals verließen 16.000 bis 20.000 Einwohner Island, rund 20–25 % der Gesamtbevölkerung. 75 % der Bevölkerung waren Bauern, von denen die meisten gerade so viel erwirtschafteten, dass sie überleben konnten. Wenn dann noch Wetterkapriolen wie Stürme und harte Winter dazukamen, drohte vielen der Hungerstod. Besonders dramatisch war der Ausbruch des Vulkans Askja im Jahr 1875, der mit seinen Aschemassen große Landstriche im Nordosten bedeckte und damit Weiden und Tiere vernichtete.

Mit viel Hoffnung und wenigen Habseligkeiten machten sich die Auswanderer auf in die Neue Welt, nach Kanada und in die USA. Einige schafften es, sich dort ein besseres Leben aufzubauen, andere zogen von Stadt zu Stadt, von Farm zu Farm und lebten unter kaum besseren Bedingungen als in der Heimat. Gut dokumentiert hat das der Dichter Stephan G. Stephansson, der selbst glücklos auswanderte.

Dieser spannende Teil der isländischen Geschichte wird in dem Zentrum im Hofsós dokumentiert, einem ehemaligen Handelsort, von dem aus viele gen Westen aufbrachen. Doch es geht nicht nur um die Geschichte und die einzelnen Geschichten: Das Archiv ist darüber hinaus ein zentraler Punkt der Ahnenforschung. Regelmäßig kommen Amerikaner und Kanadier hierher, um mehr über ihre isländischen Vorfahren zu erfahren. Die Kontakte zwischen Amerikanern, vor allem aus North Dakota, und Isländern sind heute sehr eng, gemeinsam unterstützen sie das Zentrum. Eine weitere Einrichtung gibt es in Vopnafjörður im Nordosten. Genealogie und Geschichte gehören zu den Lieblingsthemen der Isländer – hier trifft man beides.

62 Hot Pot
So entspannt der Isländer

Gehört zu jedem Schwimmbad und ist vor allem ein gemütlicher Treffpunkt, um sich auszutauschen – und natürlich, um zu entspannen. Eine der besten Einrichtungen in Island.

Zwar müssen die Isländer manchmal mit den Nachteilen der Vulkanausbrüche leben, aber andererseits können sie auch die Vorteile ihrer vulkanischen Insel genießen: heißes Wasser direkt aus der Erde. Jeder noch so kleine Ort hat ein Schwimmbad und jedes größeres Schwimmbad einen Hot Pot.

Nach dem sportlichen Teil folgt hier der entspannende. In wohltemperiertem Wasser spricht man über die jüngsten Ereignisse im

Ort, wessen Schafe die besten sind und ob Jón vielleicht doch Sigrún heiraten wird. Im Reykjavík spricht man auch mal über die Politiker, die schon lange nicht mehr außerhalb jeder Kritik stehen. Wenn man lange genug in 38 °C oder 42 °C warmem Wasser gesessen hat, steigt man wieder in das nur 28 °C temperierte Schwimmbecken. So kann man peinige entspannte Stunden verbringen.

Zu einem besser ausgestatteten Sommerhaus oder Stadthaus gehört auch ein Hot Pot, nach dem Grillen sitzt man dann mit den Freunden darin zusammen. Besonders reizvoll ist es im Winter: Der Schnee fällt einem auf den Kopf, der Rest des Körpers ist wohlig warm.

Ja, die Isländer wissen zu leben.

63 Hund – isländisch

Vier Beine und kein bisschen Wachhund

Es ist eine eigene Rasse, agil, freundlich und ideal, um Schafe einzutreiben. Wer sich einem Bauernhof nähert, lernt sicher die netten Vierbeiner kennen, die mit Vorliebe Autos anbellen und verfolgen.

Der Islandhund kam mit den ersten Siedlern aus Norwegen ins Land und war von Beginn an ein Helfer beim Hüten und Treiben der Schafe und auch der Pferde. Er wacht zwar darüber, dass Raben oder große Möwen die Lämmer nicht attackieren, aber er ist kein Wachhund. Lautstark meldet er Besucher, begleitet den Gast, rennt neben dem Auto her und freut sich gleichermaßen über Freund oder Feind, solange man ihn zärtlich tätschelt. Der Islandhund liebt Menschen, egal ob groß oder klein, deshalb ist er auch ein idealer Partner für Kinder. Wenn man den Hof wieder verlässt, läuft der Vierbeiner noch ein ganzes Stück neben einem her. Der Islandhund ist eine Spitzart mit einem entsprechenden Kopf, rund 46 cm Schulterhöhe und einem gekringelten Schwanz. Die Farbpalette reicht von ganz Weiß bis Braun, Rotbraun oder Schwarz, teilweise entsprechend gemustert. Züchter bevorzugen nicht mehr als zwei Farben.

Die heutigen Hunde gehen zurück auf wenige Hunde, die im 19. Jahrhundert in entlegenen Regionen lebten. Damals raffte eine Staupeepidemie rund 75 % der Population im Land dahin. Es war ein Engländer, der die Züchtung des Tieres wiederbelebte. 1969 gründete eine Gruppe engagierter Isländer *Hundaræktarfélag Íslands,* den isländischen Hundeverein, mit dem Ziel, die Rasse vor dem Aussterben zu retten und sie rein zu erhalten. 10 Jahre später wurde der Züchterverein *Deild Íslenska Fjárhundsins* gegründet, der sich nun ausschließlich um den Islandhund kümmert. Regelmäßig finden auch Hundepräsentationen statt, um den schönsten und klügsten zu prämieren.

Man trifft den Islandhund vor allem auf Höfen an, aber die Konkurrenz durch andere Hunderasse wie Border Collies ist groß. In Städten, wo man immer mehr Hunde sieht, taucht die eigene Inselrasse selten auf.

Ein Satz zu Hunden in Städten: Bis in die 1990er-Jahre durften Hunde nur mit der Zustimmung des Nachbarn gehalten werden – und zwar auf dem eigenen Grundstück und auf entsprechenden Auslaufplätzen. Hunde auf der Straße gab es nicht – wer wünscht sich das nicht manchmal in deutschen Städten ...

Hveragerði
Es grünt und blüht

Die isländische Gartenstadt mit ehemals zahllosen Gewächshäusern, dampfender Erde und einer Gartenbauschule ist bekannt und war sogar berühmt für alles, was wächst und blüht in Island. Es ist der Ort, an dem es früher auch Bananen gab.

Die geschützte Tallage und die zahlreichen Thermalquellen vor Ort sind ideal, um hier Gewächshäuser zu errichten. Begonnen hat man damit 1929, es waren die ersten im Land. Besonders im Winter war es faszinierend, auf die erleuchteten Glashäuser zu blicken, von denen die meisten mittlerweile Neubausiedlungen weichen mussten. Gemüse und vor allem Blumen aller Art wurden hier angebaut. Im Dezember war es natürlich der obligatorische Weihnachtsstern und ansonsten Rosen, Tulpen und andere Schnittblumen. Man sollte meinen, dass es doch wichtiger sei, Gemüse anzubauen, aber Isländer lieben Blumen. In allen Haushalten gibt es Topfpflanzen, die gehegt und gepflegt werden. Wer einen Garten hat, versucht das unterschiedlichste Bunt anzupflanzen, die kleinen Setzlinge gibt es in Hveragerði. 60 % der gesamten Gewächshauserträge stammten bis 2015 von hier.

Ein früheres Gartencenter, das zugleich Souvenirladen, Spielhalle und Cafeteria war, also das ideale Ausflugsziel für Isländer und Touristen, beheimatete auch Bananenstauden. Einige trugen Früchte, was natürlich immer gern fotografiert wurde. Diese geniale Einrichtung trug den Namen »Eden«. Leider ist die Halle 2013 abgebrannt.

Seit 1939 befindet sich im Ort die staatliche Gartenbauschule, die u. a. Versuchsprogramme für Gewächshäuser und künstlich erwärmte Freibeete durchführt. Auch die optimale Lichtstärke und besten Beleuchtungspositionen für die Pflanzen während der relativ dunklen Wintermonate werden hier erforscht.

Das Tolle an Hveragerði ist, dass die Bewohner die Segnung der Geothermie im vollen Umfang nutzen. So erhielten sie schon 1939 ein relativ großes Freibad und haben eine Kurklinik spezialisiert auf Rheumaerkrankungen gegründet; wärmende Schlammpackungen inklusive.

Einzig gefährlich sind Erdbeben, aber damit wissen die Bewohner umzugehen. Wenn die Erde mal schwanken sollte, machen die Bewohner eben anschließend aus den schrägen Wänden ein Museum.

65 Innovative Start-Ups
Unternehmensgründung – schnell gemacht

Jedes Jahr tauchen neue, kleine Firmen auf – nicht nur im boomenden Tourismusbereich. Überwiegend entstehen sie in Reykjavík, aber auch in kleinen Orten wie Siglufjörður im Norden herrscht Gründerlaune.

Als Jón Garðar mit seiner Familie 2015 wieder nach Island zurückkehrte, rechnete er nicht damit, sofort als Betriebsleiter zu arbeiten. Jón lebte von 2009 bis 2015 in Berlin, wo er Maschinenbau studierte. Zunächst wirkte Island etwas fremd, besonders sein Geburtsort Siglufjörður mit gerade knapp 1.200 Einwohnern. Da er drei kleine Kinder hat, fiel die Entscheidung bewusst auf Siglo, wie der Fischerort allgemein genannt wird, denn hier wohnt man ruhig inmitten der Natur.

In Siglo lebt ein großzügiger Unternehmer, Róbert, der mit Freuden sein Geld in Projekte im Ort investiert: ein großes Hotel, Restaurants, die Erweiterung des Skigebietes und des Golfplatzes. Arbeitsplätze schaffen und zugleich innovativ sein, so lautet sein Credo. So überredete er Jón, eine neue Firma aufzubauen: *Genis*. *Genis* stellt aus dem Chitin der Garnelen- und Krabbenschalen einen Wirkstoff her, der zum einen das Wohlbefinden vor allem der 50+Generation verbessern und zum anderen die Ausdauer der Sportler fördern soll.

Benecta heißt das Nahrungsergänzungsmittel, das seit Januar 2016 in Drageeform auf dem regionalen Markt ist. In Siglo befindet sich die Produktionsanlage mit derzeit elf Mitarbeitern. Die Halle ist riesig und damit steht der angedachten Erweiterung nichts im Wege. Geplant ist der internationale Verkauf mit der Produktion im Ort, schließlich sollen die Bewohner von der Firma profitieren. Die Forschung findet in Reykjavík statt, wo derzeit vier Mitarbeiter beschäftigt sind.

Man verspricht sich viel von dem Unternehmen, das nur natürliche Stoffe verwendet, »in reiner Natur«, wie Jón betont, als er mit Begeisterung die Produktionsanlage erklärt. *Genis* ist ein typisches, isländisches Start-up-Unternehmen. Mal schauen, wann *Benecta* den europäischen Markt erreicht, anderen isländischen Marken wie 66° North ist es ja schon gelungen.

GENIS

66 Islandmoos
Nahrung und Heilpflanze

Die meisten kennen die wohlschmeckenden Pastillen, die bei Hals- und Atemwegserkrankungen empfohlen werden und die auf der Basis des Islandmooses hergestellt wurden.

Cetraria islandica, so lautet der wissenschaftliche Name des Mooses. Es kommt in ganz Europa vor, und fast jeder wird es schon mal gesehen haben. Allein in den vegetationsreichen Ländern fällt es oft nicht so ins Auge. In Island dagegen können sich auch größere Moosgewächse bilden, selten sind diese dann inmitten weiterer Pflanzen zu finden. Das Moos wächst eher solitär, manchmal bemerkt man die braungrauen Blätter kaum auf dem felsigen Untergrund. Es gibt zudem auch Moospolster, die mit als erste Pflanzen Lava bewachsen. Die Polster wachsen zu riesigen Teppichen aus und verdecken fatalerweise auch Löcher und Spalten in der Lava. Es heißt sogar, dass Menschen schon in großen Lavaöffnungen verschwunden seien, weil sie wegen des Mooses nicht zu erkennen waren.

Schon die frühen Siedler kannten die heilende Kraft des Mooses. Eines der traditionellen Gerichte ist Skýr mit Moos. Noch heute findet man in den Lebensmittelgeschäften abgepacktes Islandmoos. Ideal ist ein Tee bei Halsschmerzen oder ein Heißgetränk aus Milch mit braunem Zucker und Moos.

Anbei: Das Moos wird nicht nur von den Menschen geschätzt, auch die Rentiere scharren es mit ihren Hupfen im Winter unter dem Schnee hervor.

Islandpferde I
Klein, aber flott

»Oh wie süß«, schallt es beim Anblick dieses wuscheligen Pferdes, das vom Unkundigen immer noch als Pony bezeichnet wird. Nein, nein und nochmals nein: Es ist ein Kleinpferd und kein Pony. Und ja, es ist einfach niedlich. Sofern frau es nur auf der Weide sieht, denn im direkten Umgang kann es recht störrisch sein.

Nur 135 Zentimeter Stockmaß hat diese alte, robuste Pferderasse, die mit den ersten Siedlern ins Land gekommen ist, ursprünglich stammten sie aus England. Die Trittsicherheit und Ausdauer machen sie zu idealen Arbeits- und Transporttieren. Sie beherrschen fünf Gangarten: Schritt, Trab, Galopp, Tölt und Rennpass. Wie Wissenschaftler jetzt herausgefunden haben, handelt es sich beim Tölt um eine Genmutation. Glück für die Isländer, denn in ihrer Abgeschlossenheit konnte sich die Mutation gut ausbreiten. Die Reitwege im Mittelalter führten oft über die Lavafelder im Hochland und auch über den Gletscher Vatnajökull. Einige Gletscherflüsse mussten zudem gequert werden. Der Tölt erwies sich dabei als Gewinn, denn er ist für den Reiter eine erschütterungsfreie Gangart, bei der immer ein Bein am Boden bleibt. Noch in den 1950er-Jahren findet man in damaligen Reiseschilderungen begeisterte Beschreibungen, wie die Pferde die reißenden Flüsse furteten.

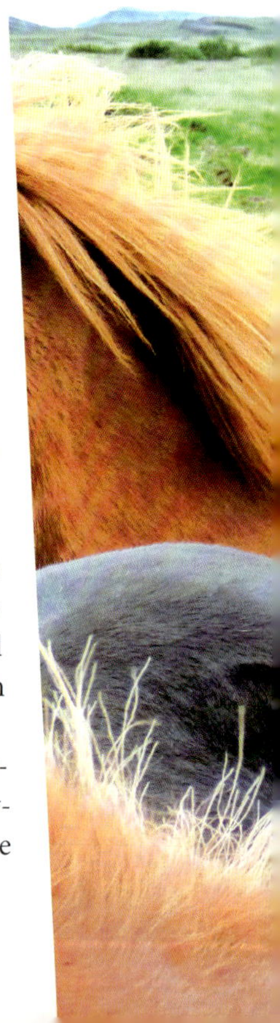

Der Rennpass ist für die Pferde sehr anstrengend und kommt nur kurzzeitig zum Einsatz. Mit ihm können Geschwindigkeiten von bis zu 45 km/h erreicht werden.

Das Islandpferd ist ein ideales Arbeitspferd, vor allem beim Schafabtrieb im Herbst, wenn die Tiere aus den entlegensten Gebieten des Landes zusammengetrieben werden müssen. Doch auch außerhalb des Landes schätzte man die Pferde, die im 18. und 19. Jahrhundert in Kohlegruben in England zum Einsatz kamen. Alfred Wegener nahm die Pferde 1930 auf seine Grönlandexpedition mit. Auch wenn die Tiere durchaus Wind und Wetter, Schnee und Sturm trotzen können, arktistauglich sind sie dennoch nicht.

Früher sah man die Pferde oft wild in der Landschaft umherziehen, heute stehen sie meist auf Weiden. In der Nähe von Reykjavík gibt es große Ställe, wo die Städter ihre niedlichen Tiere halten.

Islandpferde II

Hinaus in die Welt

Der Kuschelfaktor bescherte in den 1950ern den Islandpferden eine Exportwelle, da sich viele so ein kleines Pferd gut im eigenen Garten vorstellen konnten. Allerdings, ein von Jägerzaun begrenztes Grundstück reicht für das Wildpferd nicht. Auch heute noch ist der Export für Züchter ein gutes Zubrot.

Islandpferde sind ein Wirtschaftsfaktor im Tourismus. Zum einen gibt es zahlreiche Reitfreunde, die regelmäßig Touren auf den Reiterhöfen buchen, zum anderen sind die ruhigen Tiere auch bestens für unerfahrene Reiter geeignet. Vor allem im Süden und Norden des Landes gibt es ein breites Angebot.

Ein weiterer Erfolgsfaktor ist der Export. Manche Reiterin hat sich in eines der Pferde verliebt und es mit nach Hause genommen. Andere sagten sich, was soll ich mit einem Pferd, wenn ich alle haben kann, verliebten sich in den Reiterhofbesitzer und blieben im Land. Frauen und Pferde – ein weites Feld. Und der Kuschelfaktor der Islandpferde begünstigt diese innige Beziehung weiter.

Seit rund 120 Jahren dürfen einmal exportierte Tiere nicht mehr zurück nach Island. Selbst Sportpferde, die im Ausland an einem Turnier teilnehmen, können nicht zurückgebracht werden. Auf diese Weise möchte man sowohl die Einfuhr von Krankheiten verhindern als auch die Rasse weiterhin rein halten. Das Erstaunliche an den Islandpferden ist ihre Farbenvielfalt. Einige Züchter betreiben gezielte Farbzucht wie z. B. dreifarbige Schecken oder Füchse mit Blesse. Bei den regelmäßig im Land stattfindenden Wettbewerben werden sowohl die Gangarten als auch die Farben beurteilt.

Witziger sind die Pferdevorführungen für Touristen, denn hier sieht man, wie ruhig sich die Pferde im Tölt bewegen: Der Reiter hält ein Glas Bier hoch und kein Tropfen schwappt heraus.

Das Interesse an den Islandpferden ist ungebrochen, heute leben rund 55.000 Tiere außerhalb des Landes, einige davon stammen direkt von der Insel.

Islandpullover
Strickware von der Insel

Der Pullover schlechthin. In den 1970er-Jahren trugen ihn die Studenten als Statement. Positiv war und ist natürlich, dass er sehr warm und von daher ein idealer Ersatz für eine Jacke ist.

Stricken ist bis heute in Island sehr beliebt und hat noch einmal eine weitverbreitete Renaissance durch die Generationen nach 2008 erlebt. Bei Touristen besonders begehrt sind die traditionellen Pullover mit Kragenmuster. Ursprünglich sind diese Pullover für die Bauern und Fischer gestrickt worden. Die Wolle der isländischen Schafe ist nicht nur besonders wärmend, sondern auch relativ fettig. Das ist sehr praktisch, denn damit perlt der Regen besser ab und der Pullover saugt sich nicht so schnell voll. Außerdem sind die Pullover erstaunlich windundurchlässig, allerdings nur die handgestrickten.

Die Begeisterung für die Pullover war in den 1970er und auch 80er bei den Reisenden groß. Auf dem Zeltplatz fanden sie sich alle im neuen Isländer ein. Das Statement zuhause war: Wir sind alternativ, fahren nicht nach Frankreich oder in die Toskana, sondern ins wilde und abenteuerliche Island. Die Farben beschränkten sich auf die Naturfarben: fast Weiß und Schwarz oder Grau-schwarz. Heute gibt es das Traditionsmuster nicht nur bei Pullovern, sondern auch bei Röcken, Jacken, Tischdecken, Servietten usw. – von gestrickt bis gedruckt. Die Farbpalette reicht von Rot- über Blautöne, alles, was gerade in der Saison angesagt ist.

Und die Isländer? Die tragen den Pullover weiterhin bei der Arbeit auf der Weide, auf dem Pferd oder zur See.

Já

Mehr braucht man nicht

»Já« bedeutet »Ja« und wird »Jau« ausgesprochen. So die korrekte, lexikalische Version, doch die Aussprachen sind enorm variantenreich, ganze Gespräche können mit diesem einen Wort geführt werden.

Als ich erstmals während eines Sommers mit dem Überlandbus fuhr und Mobiltelefone, sagen wir eher: tragbare Telefone, Einzug gehalten hatten, konnte ich während der Fahrt einigen Gesprächen lauschen, so zum Bespiel auch dem Gespräch des Busfahrers. Um zu verstehen, was gesagt wurde, brauchte ich gar keinen großen Wortschatz, denn der Fahrer benutzte nur ein Wort, und das war *»já«*. Es heißt »ja« und ist so variantenreich, dass man leicht mit nur diesem einen Wort ein ganzes Gespräch führen kann. Aber ich will nicht übertreiben, es gibt noch *»jæ«* – gesprochen »jei« – und verschiedene Dopplungen: *»jája'«*, *»jæjæ«* oder – ganz verwegen – *»jæja«* – sprich »jeija«.

Doch der Hit ist die Betonungs- und Aussprachevielfalt: Die normale, offene Variante, die kurze, knappe Form und die über mehrere Sekunden gedehnte Weise – oder die mit Luftansaugen, die gezischte, geflüsterte und ausgeatmete. Dabei muss man unterscheiden, ob Brust- oder Bauchatmung besteht, sowohl beim Ein- als auch beim Ausatmen. Den größten Variantenreichtum hört man bei älteren Leuten und vor allem auf dem Land. Hier gilt immer noch eine gewisse Wortkargheit.

71 Jón Leifs
Der Komponist der Naturgewalten

Zuerst ein brummender Grundton, dann stimmen mehrere Instrumente ein, aber immer noch abwartend. Plötzlich ertönt die Fontäne aus Pauken und Streichern, so klingt der »Geysir«. Der Komponist Jón Leifs hat den Ausbruch musikalisch umgesetzt, ebenso hat er einen Vulkanausbruch der Hekla vertont.

Jón Leifs ist vielleicht der isländischste aller Komponisten, der sich in seinem umfangreichen Werk immer wieder von der Natur, den Volkserzählungen, der Edda sowie den Sagas inspirieren ließ. Jón wurde am 1. Mai 1899 in Island geboren und ging 17-jährig nach Deutschland, um am Konservatorium in Leipzig Klavier, Dirigieren und Komposition zu studieren. 1921 machte er seinen Abschluss. Er heiratete seine Studienkollegin Annie Riethof, die als Konzertpianistin reüssierte. Als Dirigent war er in der 1930er-Jahren angesehen, aber seine eigenen Werke wurden ignoriert. 1938 erhielt er das Angebot, Direktor des isländischen Rundfunks zu werden. Er nahm die Stelle an, doch seine Frau blieb in Deutschland. Als er zwei Jahre später wieder zu seiner Frau zurückkam, durfte sie – aufgrund ihrer jüdischen Abstammung – nicht mehr auftreten und die Familie floh unter dem politischen Druck 1944 nach Schweden.

Nach dem Zweiten Weltkrieg zog Jón Leifs endgültig nach Island. Dort gründete er den Komponistenverband Islands sowie 1948 die Gesellschaft zur Wahrung der Aufführungsrechte der Komponisten, deren Präsident und Geschäftsführer er wurde.

Doch sein eigenes Werk fand nicht das erhoffte Verständnis. Rund 70 Kompositionen hat Jón Leifs geschaffen, von denen nur wenige zu seinen Lebzeiten aufgeführt wurden. *Hekla* wurde zum ersten Mal am 2. Oktober 1964 in Helsinki gespielt und fiel durch. Leifs Anforderungen an das Orchester sind erheblich, allein 19 Schlagzeuger sieht er für *Hekla* vor.

Erst nach seinem Tod lernte man seine musikalische Kraft schätzen, und heute werden seine Stücke regelmäßig gespielt. Am 30. Juli 1968 verstarb der Komponist, der zweifelslos international den gleichen Rang einnimmt wie Sibelius oder Bartok.

72 Jón Sigurðsson

Der Vorkämpfer für die Unabhängigkeit

Die Isländer sind nicht arm an Helden. Neben dem ersten Siedler Íngolfur Arnarson und dem Entdecker Leifur Eiríksson gibt es natürlich die Saga-Helden. Viele von ihnen stehen in Bronze gegossen in der Hauptstadt, doch der wichtigste ist sicher Jón Sigurðsson, der auf Austurvöllur platziert ist.

Jón Sigurðsson wurde am 17. Juni 1811 in Hrafnseyri in den Westfjorden geboren. Unterrichtet wurde er von seinem Vater, der dort Pastor war. 1829 ging er nach Reykjavík, machte sein Abitur und arbeitete einige Jahre als Sekretär des Bischofs. 1833 verließ er das Land, um in Kopenhagen Linguistik, Geschichte und Wirtschaft zu studieren. Er beendete zwar nie sein Studium, machte aber als Journalist und Politiker Karriere. Seine Beschäftigung mit alten Handschriften führte ihn auch zum »Alten Vertrag« von 1262 zwischen Island und dem norwegischen König. Jón leitete daraus ab, dass Island nur eine Domäne des Königs und nicht Dänemarks sei, deshalb habe Island autonom zu sein. Zwar ließ sich die Forderung nicht umsetzen, aber immerhin wurde das Alþingi als Beratungsgremium 1844 wieder eingesetzt.

Jón wurde einer der führenden Mitglieder dieses Gremiums und 1849 sein Sprecher. Seit 1841 gab er die Zeitschrift *Ný Félagsrit (Neue Gesellschaft)* heraus, in der er seine Ideen zur Unabhängigkeit, dem Freihandelsrecht, zu Schule und Bildung und auch zum Gesundheitswesen darlegte.

Ein weiterer Schritt auf dem Weg zur Unabhängigkeit war die neue Verfassung von 1874, in der Alþingi gesetzgebende Funktion und Island einen eigenen Minister erhielt. Zu der feierlichen Übergabe der Verfassung durch den König wurde Jón nicht eingeladen, man fürchtete, seine Popularität würde die des Königs übertreffen.

Jón Sigurðsson starb am 7. Dezember 1879 in Kopenhagen. Zusammen mit seiner Ehefrau, die nur wenige Tage nach ihm verstarb, erhielt er ein Ehrengrab in Reykjavík. Sein Geburtstag ist seit 1944 Nationalfeiertag und sein Denkmal steht auf dem wichtigsten Platz des Landes, direkt gegenüber dem Parlament.

Kabeljaukrieg
Der Kampf um die Meilen

Die Isländer sind kein militantes Volk, sie haben nicht einmal eine eigene Armee – die bei 330.000 Einwohnern allerdings eh nur dekorative Aufgaben übernehmen könnte. Dennoch haben sie erfolgreich ihre Rechte – auch mit Gewalt – auf dem Meer verteidigt.

Im Reykjavíker Hafen liegen sie, die grauen »Kriegsschiffe« der Küstenwache, jederzeit einsatzbereit, um die Fischereizone zu schützen. Begonnen hatte alles kurz nach dem Zweiten Weltkrieg, als die Isländer ihre neue Fischereiflotte aufbauten und ausländische Fischer wie selbstverständlich vor der Küste fischten. Die alte Hoheitsgewässerzone betrug noch 3 Seemeilen und stammte aus dänischer Zeit. Die Isländer erkannten schnell, dass die Gewässer überfischt wurden und damit die Wirtschaft ihres Landes bedroht war. Mit dem Gesetz zum wissenschaftlichen Schutz der Fischereigründe konnte das Fischereiministerium ab 1948 die Fischereigrenzen festlegen. 1950–52 wurde die Grenze auf vier Seemeilen ausgedehnt. Empört reagierten die Briten darauf mit einem Embargo des isländischen Fischs.

1958 kam es zur nächsten Erweiterung auf 12 Seemeilen. Von den Briten nicht akzeptiert, patrouillierten britische Marineschiffe zum Schutz der einheimischen Trawler innerhalb der neuen isländischen Fischereigrenze. Das war der Beginn dessen, was die britische Presse als »Kabeljaukrieg« bezeichnete. Es blieb allerdings bei Drohungen, offene Kampfhandlungen fanden nicht statt.

1961 kam es schließlich zur Anerkennung der 12-Meilenzone, auch durch die Briten. Die nächste Erweiterung erfolgte 1972 auf 50 Seemeilen, dieses Mal protestierten auch die deutschen Fischer und die Auseinandersetzungen wurden härter. Die isländische Küstenwache reagierte ebenso drastisch und kappte kurzerhand die Netze aller illegalen Fremdfischer.

Nach diversen Rangeleien auf See einigte man sich, 1975 dehnte Island seine Fischereizone schließlich auf 200 Seemeilen aus. Letztlich wurde auch das nach weiteren Verhandlungen akzeptiert, nicht zuletzt, weil Island mit dem NATO-Austritt drohte und vorübergehend seine diplomatischen Beziehungen zu Großbritannien abbrach. Die königliche Großmacht musste sich beugen, ein Sieg für den kleinen Inselstaat!

ÞÓR
COAST GUARD
LANDHELGISGÆSLAN

Kaffee
Niemals ohne

Sollte man das Nationalgetränk Islands benennen, dann fiele die Wahl auf Kaffee. Jedes Treffen beginnt erst einmal mit der Frage, ob man einen Kaffee haben wolle. Natürlich! Oft ist er so schwach, dass man ohne Probleme mehrere Liter trinken kann.

So leidenschaftlich gern, wie man Kaffee trank, so unleidenschaftlich wurde er in Island lange Zeit aufgebrüht. Zum einen gab es nur zwei Sorten und zum anderen wollte man wohl das gute isländische Wasser nicht zu sehr verändern. Kaffee trank man in den alten Tagen oft aus der Untertasse, denn das machte es wohl einfacher, den vielen Zucker zu lutschen. Heute sieht die Welt dankbarerweise etwas anders aus. Überhaupt haben sich Angebot und Kaffeekultur verbessert.

Die erste Kaffeemaschine, die auch starken Kaffee kochen konnte, kam mit der Eröffnung des ersten Cafés ins Land. Seit 1958 gibt es das Café Mokka in Reykjavík. Für viele Bewohner war und ist das Mokka eine Institution, wo sich Künstler und Revolutionäre neben den guten Bürgern treffen. Natürlich hat das Café auch Eingang in etliche isländische Romane gefunden. Traditionalisten lieben vor allem die Tatsache, dass sich die Einrichtung nicht verändert hat.

Cafés in den Städten sind heute populär, ein Treffen auf einen Kaffee passt fast immer. Und mittlerweile gibt es auch eine isländische Antwort auf Starbucks: Kaffitar. Hier erhält man verschiedene Sorten und Zubereitungsformen, zudem wird der Kaffee selbst geröstet. Der ist jetzt richtig gut und kräftig.

Doch den schwachen isländischen Kaffee gibt es auch noch, insofern ist es ideal, dass man immer eine zweite Tasse erhält.

Kaugummi
Der Genuss für jedermann

Wer aus einem Land kommt, in dem es einst unschicklich war, zu jeder Tages- und Nachtzeit Kaugummi zu kauen, der muss sich in Island umstellen. Hier wird Tag und Nacht gekaut.

Natürlich hat man alle Warnung in den Ohren, wie »Vorsichtig, du könntest es verschlucken«. So einen blöden Satz musste ich mir als Erwachsene noch von einer Pilateskursleiterin anhören. In Island wäre mir das nicht das passiert. Egal, wo man ist oder was man macht, immer sind Leute um einen herum, die Kaugummi kauen. Auf der Buchmesse bei Verhandlungsgesprächen, auf Stehparties im Theaterfoyer, Vernissagen in Museen, egal ob förmlich oder privat, ohne Kaugummi geht es nicht. Das Alter oder der Bildungsgrad der kauenden Person spielt dabei keine Rolle. Ganz offensichtlich haben die Amerikaner auf diesem Gebiet vollen Erfolg in Island gehabt. Ich würde sogar sagen, dass die Isländer die Amerikaner noch überholt haben.

Die Begeisterung für das Kauen an sich mag den Isländern aber auch in die Wiege gelegt sein. In den alten Zeiten kaute jeder gern Trockenfisch, was mitunter ein recht langwieriger Prozess werden kann. Im Vergleich zu dieser Tradition hat der Kaugummi allerdings einen klaren Vorteil: Er verhilft zu frischem Atem.

70 Kinder
Die lieben Kleinen

Mit statistisch zwei Kindern pro Frau hat Island für europäische Verhältnisse eine relativ hohe Geburtenrate. Es fällt auch schnell auf, dass Kinder in allen Orten und Städten in fast jedem Alter herumwuseln.

Die Tage im Sommer sind lang und so spielen die Kleinen bis 24 Uhr draußen auf einem der zahlreichen Spielplätze. Auch sonst sind Kinder jeden Alters viel draußen. Schon die Jüngsten werden von den Betreuerinnen in dicke Skianzüge gesteckt und mit an die frische Luft genommen. Die einen stolpern an der Hand und die anderen sitzen in der Sportkarre. Es muss schon ein veritabler Schneesturm herrschen, um die kleinen Exkursionen zu stoppen. Regen oder Schnee zählen nicht.

Die Kinderbetreuung ist gut organisiert, spätestens ab 18 Monaten ist der Nachwuchs außer Haus und vorher in den Händen einer Tagesmutter. In Island ist es ganz selbstverständlich, dass beide Elternteile arbeiten. Die traditionelle Mehrgenerationenfamilie in einem Haus wurde von der Patchwork-Familie und den Singles abgelöst. Doch die Lebensform ist völlig egal, Kinder gehören einfach dazu. So lautet die Frage auch nicht: »Hast Du Kinder?», sondern: »Wie viele Kinder hast Du?« – »Keine« wird als sehr traurige Antwort gewertet. Sich bewusst gegen Kinder zu entscheiden, ist in Island eher unüblich.

Kjalvegur
Der kurze Weg durchs Hochland

Schon bald nach der Besiedlung, vermutlich um 900, durchquerten die ersten Siedler auf dem Kjalvegur das Hochland. Heute ist es die erste Hochlandstrecke, für die kein Geländewagen benötigt wird. Es gibt sogar Stimmen, die meinen, man solle die Piste asphaltieren.

Der Kjalvegur war und ist die kürzeste Verbindung zwischen Nord- und Südisland, der Weg, der auch in westlicher Richtung von Gullfoss aus nach Þingvellir führt. Im Mittelalter war es ein wichtiger Reitweg, der vorbei an Weideplätzen und Flüssen führte. Ursprünglich gab es zwei Routen, von der die westliche heute als Wanderweg genutzt wird. Die Warten hat man erst Ende des 19. Jahrhunderts errichtet, da man sich in der Lava des Kjalhraun bei Nebel oder Regen leicht verirren kann. Die heutige Piste wurde im 20. Jahrhundert angelegt, nachdem der Weg fast 100 Jahre nicht genutzt wurde. Der Grund war ein Unglück im Oktober 1780. Drei Männer und ein Junge starben zusammen mit 180 Schafen und 16 Pferden im Schneesturm. Bis heute findet man an dem Ort, der nun Beinahóll (Knochenhügel) heißt, noch die Tierknochen. Zur Erinnerung an dieses tragische Ereignis hat man 1971 eine Stele errichtet.

Aber nicht nur die Wettereinbrüche machten die Ritte über das Hochland so gefährlich, sondern auch die Gesetzlosen, die sich hier versteckten. Um selbst zu überleben, überfielen sie die Reisenden oder Bauern mit ihrem Vieh.

Landschaftlich ist der Kjalvegur einmalig und führt zwischen den Gletschern Hófsjökull und Langjökull entlang. Im Süden passiert die Strecke das Gebirge Kerlingarfjöll mit seinen heißen Quellen und im Norden Hveravellir. Das Thermalgebiet von Hveravellir war schon den ersten Siedlern bekannt. Ein idealer Platz für eine Rast.

Kreuzfahrtschiffe
Einmal Geysir und zurück

Da sind sie, die Tagestouristen: Ein kleiner Zwischenstopp zwischen Spitzbergen und Grönland, und plötzlich ergießen sich die Passagiere über den Goldenen Zirkel. Dieses Islanderlebnis ist sehr speziell.

Rund 350.000 Kreuzfahrtpassagiere landen jährlich in Island an – Tendenz steigend – und mindestens zwei Drittel der Menschen steigen aus, die meisten unternehmen einen Ausflug. Natürlich ist es eine praktische Reiseform, in 10 Tagen einmal rund um die Insel zu fahren, doch was an manchen Zielen im Land passiert, ist suboptimal. Geradezu angenehm nehmen sich die sogenannten Expeditionsschiffe aus, die eine Kapazität von maximal 250 Gästen haben. Irrwitzig muten dagegen die Schiffe mit bis zu 3.000 Passagieren an, die in Orten wie Akureyri am Anlegeplatz wie Giganten aus einer

anderen Welt erscheinen. Hier stehen anderthalbgeschossige alte Häuser – und das Schiff sieht aus wie eine falsch geplante Hochhaussiedlung.

Wirtschaftlich betrachtet ist diese Tourismusform nicht schlecht – zumindest an den Sehenswürdigkeiten wird zusätzlich zu den Touren noch viel Geld ausgegeben. Was das allerdings mit dem Land macht, ist eine andere Geschichte. Welchen Eindruck von Island die Reisenden mitnehmen, wird nicht hinterfragt. Nachhaltigkeit sieht sicher anders aus. Will man wirklich diese Riesenschiffe? Wenn ja, so klammert man doch bewusst Regionen aus, nämlich all jene, wo die Giganten nicht anlegen können. Außer in Reykjavík und Akureyri schaffen es die Schiffe vielleicht noch nach Ísafjörður, andernorts gibt es schlicht keine passenden Häfen.

70 Krimis
»Morden im Norden«

Sie rollen wie eine große Welle über das Land und in die Fremde. Wenn deutsche Leser isländische Autoren kennen, dann sind es oft die Krimiautoren. Seit 2011 kommt jährlich mindestens ein neuer Name dazu. Romane, deren Sujet nicht richtig zuzuordnen ist, werden kurzerhand als Krimi etikettiert – und schon steht dem Verkauf nichts mehr im Wege. Dabei sind es im besten Fall Regionalkrimis oder einfach nur nette Urlaubslektüren.

Bis in die 1980er- und vielleicht sogar noch in die 1990er-Jahre las man in Island nur übersetzte Kriminalgeschichten. Ein guter, literarischer, isländischer Autor schrieb so etwas nicht, denn Krimis galten nur als minderwertige Literatur. Seit 1997 hat sich das mit dem Erscheinen von Arnaldur Indriðasons erstem Roman *Söhne des Staubs* und dem Krimi vom Stella Blómkvists *Die Bronzestatue* radikal geändert. Beide Bücher wurden ein Erfolg. Arnaldur selbst führte die neue Krimilust darauf zurück, dass sich die isländische Gesellschaft verändert habe und plötzlich Drogen und Kriminalität auch für Isländer keine Fremdwörter mehr seien.

Seit 2003 beglückt Arnaldur Indriðason eine stetig wachsende Fangemeinde in Deutschland mit seinen Krimis und Thrillern. Zwar bleibt er dem sogenannten »Schwedischen Modell« treu, sprich gesellschaftsrelevante Fragen und Probleme zu thematisieren, doch gemessen an seinen Autorenkollegen aus Schweden, Norwegen oder Dänemark wirken seine Bücher recht bescheiden. In *Frostnacht,* in dem zunächst alles auf

einen rassistisch motivierten Mord hindeutet, taucht der Mörder wie ein »Kai aus der Kiste« auf.

Hohe Krimikunst hat bisher aber keiner der Romane erreicht, auch wenn es sogar eine Verfilmung mit Unterstützung des deutschen Fernsehens gab. Im besten Fall sind die Geschichten isländisch, sprich die Landschaft oder ein spezifisches historisches Ereignis spielen eine Rolle. Doch weder sprachlich noch dramaturgisch noch die dargestellten Charaktere erreichen internationales Niveau. Zumindest erfährt der Leser in Arnaldurs Krimis und auch in denen von Stella Blómkvist etwas über die Schattenseiten der isländischen Gesellschaft: Drogen- und sexueller Missbrauch, Frauenhandel, Rassismus, Korruption oder das Klonen von Menschen. Ängste und Realität einer globalen Gesellschaft spiegeln sich darin wider. Zugleich gibt es spezifisch isländische Themen wie das Auftauchen der Pharmafirma DeCode Genetics, die Erbinformationen der isländischen Bevölkerung mit dem Segen des Parlaments sammelt und kommerziell vermarktet, oder das langjährige Tabuthema, dass isländische Frauen, die mit amerikanischen Besatzungssoldaten Beziehungen hatten, stigmatisiert wurden – so in *Todeshauch.*

Eine weitere Autorin kam 2006 dazu – Ýrsa Sigurðardóttir, deren binationales Ermittlerteam nun die deutschsprachige Leserschaft unterhält.

Kunst
So selbstverständlich wie die Luft

Jeder ist ein Künstler und Kunst ist überall, so könnte man die isländische Szene kurz beschreiben. Ob Kunstwerke in der Landschaft, an Straßenkreuzungen oder an Wänden, sie fallen auf und befinden sich natürlich auch im Wandel.

Spricht man mit isländischen Künstlern über ihre Situation und Inspiration, so sagen sie oft, dass sie sich stark von diesem dynamischen Land beeinflusst fühlen. Island als Vulkaninsel ist ständig in Veränderung und Bewegung, und diese Energie überträgt sich auch auf die Menschen und im Besonderen auf die Künstler.

Seitdem die ersten Isländer Ende des 19. Jahrhunderts nach ihrer Ausbildung an der Kunstakademie in Kopenhagen wieder zurückkamen, wuchs auch das Interesse im Land an Kunst. Vor allem die Statuen des Bildhauers Einar Jónsson (1874–1954) zieren die Parkanlagen und Hügel. Monumental wuchtig, wie das Heldendenkmal von Ingólfur Arnarson, so war eine seiner Richtungen. Ganz anders dagegen die Skulpturen von Ásmundur Sveinsson (1893–1982), die ebenso weit im Land verbreitet sind.

Doch es sind weniger die etablierten Werke, die faszinieren, als eher der Umgang mit Räumen und Plätzen. Skulpturen als Kunst in der Landschaft sind genauso überraschend und interessant wie die Graffitis. Sie sind zwar oft kurzzeitig, da in Reykjavík viel gebaut und abgerissen wird, aber die meist jungen Künstler nutzen Wände, Höfe und ganze Häuser für beeindruckende Arbeiten. Genauso spannend sind die Galerien und Ausstellungen vor allem in Reykjavík und Akureyri.

Da Isländer Festivals lieben, gibt es natürlich auch eines zur Bildenden Kunst: »Sequences«. 10 Tage im Frühjahr tobt das Kunstleben in Reykjavík – in Galerien und auf der Straße. Ganz Reykjavík ist dann Kunst.

81 Küstenseeschwalbe
Der Langstreckenrekordler

Island ist ein Tummelplatz der unterschiedlichsten Vögel und vor allem auch der Seevögel, unter denen die Küstenseeschwalbe eine besondere Stellung einnimmt. Sie ist ein echter Vielflieger und absolviert jährlich die Strecke von Island zur Antarktischen Halbinsel und zurück.

Die Küstenseeschwalbe ist in Nordeuropa weit verbreitet, in Island trifft man sie vielerorts entlang der Küste an ihren Brutplätzen an. Die jeweiligen Gebiete sind zur Brutzeit markiert, man sollte sich ihnen tunlichst nicht nähern. Die Nester sind auf den Böden und die Jungvögel haben ein gut tarnendes Gefieder. Wenn man sich ihnen nähert, lernt man die Eltern von einer anderen Seite kennen. Küstenseeschwalben haben eine sehr effiziente Form der Verteidigung, sie stürzen sich auf die vermeintlichen Angreifer, bei uns Menschen auf den Kopf. Verteidigen kann man sich mit einem Stock oder dem ausgetreckten Arm, den man hochhält – die sicherste Abwehr ist aber in jedem Fall der geordnete Rückzug.

Faszinierend ist die lange Strecke, die die Vögel jedes Jahr zurücklegen, vom Norden bis in die Antarktis. Luftlinie sind das rund 35.000 km (hin und zurück), aber natürlich fliegen die Vögel nicht auf dem direkten Wege, sondern oft in Schlangenlinien, abhängig von den besten Fressplätzen sowie von Wind und Wetter. So können jährlich durchaus bis zu 90.000 km zusammenkommen!

Die Vögel unternehmen diese Wanderung vor allem wegen des Lichts. Sie brauchen für die Futtersuche eine gewisse Helligkeit und versuchen über das Zugverhalten fast ganzjährig sehr lange Tage zu haben. Die Hauptnahrung besteht aus kleinen Fischen und Schalentieren, die sie im Sturzflug aus dem Meer holen.

Wenn die Küstenseeschwalbe wieder in Island auftaucht (meist gegen Ende April), beginnt für die Inselbewohner der Sommer.

Auf Isländisch heißt der Vogel *Kría,* ein sehr passender Name, der gut den lauten Schrei der Küstenseeschwalbe wiedergibt.

82 Lachsflüsse

Wer hat, der kann

Es war schon immer etwas teurer, einen besonderen Geschmack zu haben. Der Wildlachs in Island ist ausgezeichnet und ein Gericht mit ihm ein Genuss. Doch diejenigen, die ihn in Island fangen wollen, suchen das Abenteuer, kochen können andere.

Im ganzen Land gibt es hervorragende Lachsflüsse, und Reykjavík ist wohl die einzige Hauptstadt, die einen solchen Fluss in ihren Stadtgrenzen hat. Aus der ganzen Welt kommen die Angler, um die stattlichen Exemplare zu fangen. Der einzige Grund, weshalb der Ansturm nicht so groß ist: der Preis. Ein Tag fischen kostet bis zu 1.500 Euro, mit Glück erhascht man ein Sonderangebot für auch mal »nur« 1.000 Euro.

Geld kostet es aber auch außerhalb der Stadtgrenzen, Rangá im Süden Islands zählt zu den teuersten Flüssen. An anderen zahlt man deutlich weniger, nur 200 Euro, hinzukommen aber immer noch die Anreise, Unterkunft sowie die Angelausrüstung. Eine eigene muss man für 150 Euro desinfizieren lassen.

Im Juli 2016 hatte der russische Milliardär Iskander Makkmudov den Fluss Eystri-Rangá gemietet. Kurz darauf kam das Gerücht auf, dass Vladimir Putin sich dazugesellen wolle. Seine Begeisterung für Jagd und Fischen ist ja bekannt. Vorsorglich hatte man das Gebiet schon einmal abgesperrt. Als Übernachtungsdomizil habe er das teuerste Hotel im Lande angemietet, das nahe am Fluss gelegene Landhotel Rangá.

Berühmtheiten wie Politiker, royale Gäste oder Schauspieler kommen regelmäßig nach Island. Z. B. hieß es auch von Prinz Charles, dass er sich, noch zu Zeiten seiner Ehe mit Prinzessin Diana, gern zum Angeln in die Einsamkeit Islands zurückzog. Der Kampf mit den Elementen war sicher erholsamer als sein Alltag.

Landkirche

In Gottes kleinen Häusern

Wie viele Buchcover isländischer Romane zieren wohl die pittoresken Landkirchen, egal ob es zum Genre oder Inhalt passt? Neben den Vulkanen und Geysiren ist die Landkirche das beliebteste Motiv, das jedem zu Island einfällt.

Die meisten dieser Kirchen stammen aus dem 19. und frühen 20. Jahrhundert und gehörten zu den großen Höfen. Architektonisch bieten nur wenige etwas Originelles, Þingeyrar im Norden ist so eine Ausnahme. Bis zur Reformation stand hier ein Kloster, also ein bedeutender kirchlicher Ort. Þingeyrar wurde 1864–77 aus Stein errichtet, die blaue Decke im Hauptraum schmücken 1.000 kleine Sterne. Die meisten Landkirchen bestehen aus Holz und sind mit einem klassischen Bausatz errichtet worden, der aus Dänemark oder Norwegen kam – natürlich inklusive kleinem Glockenturm über dem Eingang. Ab dem 20. Jahrhundert gab es dann Betonkirchen, die allerdings einen ähnlichen Stil haben.

Die ältesten Kirchen aus dem 18. Jahrhundert gehörten zu Bischofssitzen oder zu den Höfen der damaligen Vögte. Die ehemaligen Grassoden-Kirchen sind fast alle verschwunden, erhalten ist im Süden noch Keldur oder im Norden Víðimýrar.

Einige Kirchen haben aufgrund der vielen Fotos eine solche Bekanntheit erreicht, dass sie quasi einem Symbol für Island gleichen, so z. B. die kleine Kirche zu Füßen des Snæfellsjökull bei Búðir. Sie wurde 1848 von der Bäuerin Steinunn Sveinsdóttir errichtet. Als Dank für diese touristische Attraktion stellte man 1994 einen Erinnerungsstein auf dem Friedhof für sie auf.

Es gibt 367 Kirchen in Island – wer alle besuchen möchte, sei auf die Website www.kirkjukort.net verwiesen.

84 Leifur Eiríksson

Der isländische Entdecker Amerikas

Überlebensgroß steht er vor Reykjavíks größter Kirche, ein Geschenk der USA, geschaffen von dem amerikanischen Künstler Sterling Calder. Als Miniaturausgabe steht er im Flughafen in Keflavík, der ja auch Leifur Eiríksson heißt. Zu Recht, denn Leifur war der erste Europäer in der neuen Welt.

Leifur war der älteste Sohn von Eiríkur Thorvaldsson, besser bekannt als Erik der Rote, und wurde vermutlich zwischen 970 und 980 in Eiríksstaðir in Westisland geboren. Schon seine Vorfahren waren unternehmungslustig, sein Großvater Thorvald Avaldsson kam mit seiner Familie von Norwegen nach Island und sein Vater Eiríkur ließ sich mit Mann und Maus in Grönland nieder. Genau genommen war er der erste europäische Siedler dort. Leifur hatte schon von Bjarni Herjólfsson gehört, dass es weiter im Westen noch fruchtbares Land gab. Bjarni war auf seinem Weg nach Grönland abgetrieben und entdeckte somit die Gestade des heutigen Kanada zufällig. Leifur ging dagegen im Jahr 1000 recht planvoll vor. Er startete von Südgrönland aus, wo die Familie jetzt ihren Sitz hatte, und erforschte die Küste von Kanada, die er Helluland, Vínland und Markland nannte.

Leifur übernahm nach dem Tod seines Vaters dessen Funktion als Oberhaupt der Sippe. Seinen Beinahmen »*heppni*«, der Glückliche, erhielt er nicht, weil er so erfolgreich bei der Landentdeckung war, sondern weil er Schiffbrüchige rettete. Es heißt, dass er ein ausgesprochen friedvoller Mensch gewesen sei, anders als sein Vater Eiríkur. Er war auch derjenige, der das Christentum im Jahr 1000 im Auftrag des norwegischen Königs nach Grönland brachte, zur Freude seiner Mutter, die die erste Christin wurde und eine kleine Kirche bauen ließ. Sein Vater dagegen war ein überzeugter Anhänger des alten Glaubens.

Dass dieser edle Wikinger der Namensgeber für den internationalen Flughafen in Keflavík ist, überrascht nicht, schlug er doch als erster Isländer die Brücke nach Nordamerika. Zwei Sagas aus dem 13. Jahrhundert schildern die Fahrten in die Neue Welt, *Grælendinga saga* und *Eiríks saga rauða*. Vermutlich kannte auch Kolumbus diese Texte.

85 Lupinen
Der Siegeszug einer Pflanze

Im Frühsommer leuchten große Flächen im Süden Islands blau. Hier wächst und blüht die Alaska-Lupine. Einst die ideale Pflanze gegen Bodenerosion, gleicht sie heute einem Konquistador. Wohin ihre Samen fliegen, da schlagen sie Wurzeln.

Lupinen sind genügsam, gedeihen auch auf Sandböden und kommen mit Halbschatten zurecht. Sie bilden ein dichtes Wurzelgeflecht und sorgen so dafür, dass lockere Böden verdichtet werden. Mit ihren Wurzelknöllchen geht die Lupine eine symbiontische Beziehung ein mit Bakterien, die Stickstoff aus der Luft binden können. Auf diese Art wird der Stickstoffgehalt im Boden angereichert, weshalb die Lupine auch als Gründüngungspflanze bezeichnet wird. Das klingt alles positiv und wirklich effizient – und genau das ist die Alaska-Lupine: effizient.

Vor 20 Jahren waren die Sanderflächen vor den großen Gletschern im Süden schwarz oder grau, je nach Licht und Feuchtig-

keit. Heute sind sie weitgehend blau und dann für den Rest des Jahres eher hässlich grün. Die Lupinen – vor Jahren zur Bodenaufbereitung aus Nordamerika eingeführt – breiten sich immer weiter aus, jetzt versuchen sie schon, die Hänge zu erklimmen. Dabei vernichten sie die einheimischen, zarten, kleinen Pflanzen. Zudem hat die Lupine keine natürlichen Feinde. Während die Schafe das feine Grün der isländischen Flora genießen, verschmähen sie Lupinen. Schuld sind vermutlich die Bitterstoffe, die sich in den Samen befinden.

Die erste Begeisterung der Isländer ist einer gewissen Wut gewichen. Wie soll man diese Wucherpflanze eindämmen? Von Hand ausrupfen? Das ist schwierig, denn ihre Ausläufer sind weit verzweigt. Maschinell? Damit würde man den Boden wieder auflockern und der Wind könnte erneut sein verwehendes Spiel treiben. Tja, die Geister, die man rief …

86 Marimos

Die geheimnisvollen Bälle des Myvatn

Seit Jahren ist man besorgt über das Verschwinden dieser grünen Algenbälle, die früher zu den Besonderheiten des Sees Mývatn zählten. Gehegt und gepflegt werden sie im Naturkundemuseum in Kópavogur und im Naturforschungszentrum am Mývatn.

Bei Marimos, isländisch *kúluskítur*, handelt es sich um Algenbälle, die als natürliche Kolonien nur in Island, Estland, Ukraine und Japan bekannt sind. Diese Bälle bestehen aus Algenfäden und können eine Größe von bis zu 20 cm erreichen. Diese Naturerscheinung braucht spezielle Umweltbedingungen und Lichtverhältnisse. Die Kugelform führt man auf die Wellenbewegung zurück. Erstmals entdeckt haben sie Fischer, die sie in ihren Netzen vorfanden.

Seit 2013 waren die Marimos fast vollständig aus dem See verschwunden. Als Gründe gelten vor allem die Verschmutzung des Sees. So gibt es z. B. keine Kläranlage für die durch den Tourismus anfallenden Verschmutzungen. Doch welche Veränderungen finden wirklich im See statt?

Es gibt viele Spekulationen, aber keine befriedigenden Antworten. Einige behaupten, es liege an einem Fahrzeug auf dem Grunde des Sees, das bei Filmarbeiten in einem Winter eingebrochen sei. Aber das ist vermutlich nur eine reißerische Geschichte.

Im Sommer 2016 gab es eine Meldung, dass kleine Marimos ans Ufer gespült wurden. Die rund 10 cm großen Bälle würden jetzt im Naturforschungszentrum betreut. Doch eine andere Meldung aus dem August besagte, dass Marimos jetzt vollständig verschwunden seien. Was ein wirklicher Verlust wäre.

87 Marketing
Die Kunst der Eigenwerbung

Die Isländer sind Meister darin, ihr Land und Produkte ihres Landes zu verkaufen. Vor allem im touristischen Bereich haben sie großen Erfolg.

»Blaue Lagune«, da war doch was? Ein aufregender Naturfilm – der Plot war etwas schlicht – mit fantastischem Strand, verführerischem Meer und in der Hauptrolle einer der schönsten Kindfrauen der Filmgeschichte: Brooke Shields. So war das damals in den frühen 1980ern. Und was hat das nun mit Island zu tun?

Die Assoziation an eine schöne Küstenlandschaft in Verbindung mit einer schönen Frau hat man sicher gerne genutzt, als man den Abwassersee des Kraftwerks Svartsengi zum Badesee umwidmete und später sogar ein Heilbad daraus machte. Über die Jahre baute man die Anlage und auch das Angebot mit Sauna, Massage, Bar und vielem mehr aus. Im Sommer findet man nur Stehplätze im See, aber ausreichend Schlamm für das Gesicht. In einer angeschlossenen Klinik werden therapeutische Anwendungen angeboten. Außerdem gibt es eine breite Palette an Blue-Lagoon-Produkten. Es ist schon eine sensationelle Erfolgsgeschichte, wie man aus Abwasser ein riesiges Geschäft machen kann. Kaum ein Tourist, der hier nicht hinfährt. Laut *National Geographic* zählt das Bad zu den »25 Wundern der Erde«.

Fast jeder Wasserfall, Geysir, Schlammtopf oder Gletscher ist ein »Naturwunder«, jede Aktivität im Land verspricht ein Abenteuer – ob mit einem Superjeep oder im Raftingboot, ob zu Pferd oder zu Fuß: Island als Abenteuerspielplatz der Superlative. Auch die Hauptstadt macht darin keine Ausnahme. Einige Zeit warb man mit dem Slogan: *»Reykjavík – pure energy«*. Geboten wurden Schwimmbäder und Nachtleben, Museen und Restaurants, eigentlich nichts, was die Stadt von anderen unterschied. Doch der Slogan war wirkungsvoll, denn auf einmal war Reykjavík hipp und der Zustrom reißt bis heute nicht ab. Die Isländer wissen es wirklich: Marketing ist einfach alles.

WE'LL TAKE YOU THERE!
ALL THE MOST EXCITING PLACES IN ICELAND

88 Mitternachtssonne

Schlaflos im Sommer

Der 21. Juni ist der Tag der Tage: Die Sonne scheint 21 Stunden und 11 Minuten. Der längste Tag des Jahres, der mit dem kürzesten am 21. Dezember korrespondiert, wenn in Reykjavík die Sonne gerade vier Stunden und acht Minuten zu sehen ist.

Die Zeit der langen Tage beginnt schon im Mai und dauert rund drei Monate. Plötzlich verfällt alles und jeder in wilde Aktivitäten. Es wird gewerkelt an Terrassen, Balkonen und Sommerhäusern – auch Straßenarbeiten werden bis tief in die Nacht verrichtet. Das Motto:

Hauptsache, man ist aktiv. Die Isländer wirken, als würden sie nicht mehr schlafen, ständig in Aktion. Wenn man im Land lebt, so steckt das wahrlich an.

Aber es ist nicht nur die Helligkeit und der Zeitgewinn, sondern es ist vor allem das verzaubernde Licht der Mitternachtssonne. Sonnenuntergänge, die stundenlang dauern und die Landschaft dabei in ein goldenes Licht tauchen. Fotografen flippen fast aus, so schön ist es. Der Goldton geht schließlich über in Rot und Violett. Dieses Farbenspiel möchte man nicht verpassen.

88 Mobiltelefon
Wer einsam lebt, braucht stets Kontakt

Rund 1.200 Mobiltelefone auf 1.000 Einwohner sagt schon alles: Isländer müssen überall und zu jeder Zeit erreichbar sein, das hat einfach etwas mit ihrem Selbstverständnis zu tun.

Begonnen hat die Begeisterung bereits mit den ersten Mobiltelefonen, die damals allerdings gar nicht so mobil waren. In Koffern trugen vor allem die Geländewagenfahrer diese ersten Modelle mit sich herum. Anbei: Mobiltelefon heißt auf Isländisch *farsími,* was Auto- oder Reisetelefon bedeutet.

In jüngeren Jahren zeigt sich die Innovationsfreude vor allem daran, dass jeder Fortschritt nie lange braucht, um sich bei den Isländern durchzusetzen. Sie waren die ersten, die Telefone mit Vibrationsfunktion hatten und – per Bluetooth verbunden – brabbelnd über die Straßen Reykjavíks liefen. Auf mich wirkte es anfangs überraschend, dachte ich doch, dass die Anzahl geistig verwirrter Isländer aus einem eigenartigen Grund sprunghaft angestiegen sei. Bis ich merkte, dass es einzig an der technisch zurückgebliebenen Betrachterin lag.

Dass in Island 96 % aller Haushalte einen Internetanschluss haben, versteht sich bei dieser Einstellung von selbst. In der EU sind es 81 % der Haushalte.

Früher ging man zum Telefon, heute geht man mit dem Telefon

90 Mývatn
Islands Wunschziel

Inmitten einer weiten Lavalandschaft liegt der See Mývatn, auf 230 m Höhe umgeben von Vulkanen der unterschiedlichsten Art. Hier verläuft die Riftzone und alles, was man mit Vulkanismus verbindet, kann man hier erleben. Hinzu kommen die zahllosen Enten, die sich auf und am Wasser tummeln.

Jede noch so euphorische Beschreibung trifft und lockt immer mehr Menschen hierher. Ein Labyrinth aus Lavaskulpturen liegt am östlichen Uferbereich, Dimmuborgir genannt, die dunklen Burgen. Direkt am See befinden sich Halbinseln mit Bäumen auf kleinen Anhöhen. Man blickt auf die Westseite mit dem Berg Vindbelgjarfjall, der mit seiner Form an den Vulkan auf dem Planeten des Kleinen Prinzen erinnert.

Von den Dimmuborgir geht es zum dem Tuffkrater Hverfjall, weiter zu Spalten mit heißem Wasser und zu einem einladenden Badesee, dessen milchiges Wasser wohltemperiert ist. Alle Farben der

Umgebung schimmern und irisieren je nach Licht und Jahreszeit, über der Landschaft liegt ein Zauber.

Doch diese Schönheit hat ihren Preis. Jedes Jahr strömen Hunderttausende Besucher hierher und zerstören die Ursprünglichkeit. Aus kleinen, kaum auffallenden Pfaden zwischen den Lavaaufwerfungen und Birkenhainen wurden breite Wege und Jeepspuren. Neue und größere Parkplätze wurden angelegt, damit noch mehr Busse Platz finden; statt Begrenzung findet eine Ausweitung der Besucheranreize statt. Die Zahl der Hotels wächst, und dennoch reichen die Übernachtungsplätze in Seenähe nicht aus.

Kritische und warnende Stimmen gibt es schon lange, die die Touristenströme lieber kanalisieren und beschränken würden. Doch verbindliche Konzepte hat niemand entwickelt. Seit 2016 zeigen sich weitere Umweltbelastungen, die Artenvielfalt der Enten sinkt. Vor allem befürchtet man, dass der See aufgrund der Verschmutzung langsam umkippe, nicht nur für Vogelfreunde ein Desaster.

91 Nachbarn

Einsam und fast verlassen

Inselbewohner gelten oft als etwas sonderbar und eigen, ein Grund könnte das Fehlen unmittelbarer Nachbarn oder benachbarter Nationen sein. Sie sind nur von Meer umgeben, trotzen gegen dessen Naturgewalt und haben keine Grenzstreitigkeiten zu befürchten. Das klingt fast ideal, doch andererseits können Nachbarn auch die Kompromissbereitschaft fördern.

Als ich in Island lebte, stellte ich mir eines Tages die Frage, welche benachbarte Nation von Island ich bereisen könnte. Wo treffe ich mehr Einwohner an als in Island?

Das geographisch nächste Land ist Grönland: gerade einmal 300 km entfernt. Dann erreicht man die Ostküste, an der rund 3.500 Menschen leben. Insgesamt hat Grönland 56.000 Einwohner, also weniger als die Hälfte der Einwohnerzahl Reykjavíks. Die Alternative im Süden ist die

Inselgruppe der Färöer, 420 km entfernt. Zwar wohnen die 45.000 Bewohner dichter gedrängt als in Grönland, aber insgesamt ist es eine sehr kleine Population. Der dritte unmittelbare Nachbar ist Jan Mayen, eine Insel, die zu Norwegen gehört, oft im Nebel verschwindet und lediglich eine Wetter- und Militärstation hat.

Als ich mir das klar gemacht hatte, fühlte ich mich plötzlich sehr weit entfernt und verlassen von Europa. Die nächste Großstadt mit 500.000+ Einwohnern ist Minimum zweieinhalb Flugstunden entfernt.

Für die Isländer bedeutet ihre Lage, dass sie die absolut Größten im Kreise ihrer Nachbarn sind, richtig große Nationen liegen weit entfernt. Vielleicht erklärt das auch, weshalb Isländer sich als etwas Besonderes fühlen und vielleicht auch sind.

Die Insel Jan Mayen – einsamer und verborgener als Island

Namen
Warum heißen alle -són oder -dóttir?

Der erste Blick ins isländische Telefonbuch lässt einzig Verwirrung zurück. Wo sind nur die Familiennamen hin? Wie suche ich Halldór Jónsson, wenn ich ihn unter Jónsson nicht finde? Fragen über Fragen. Hier eine kurze Antwort.

Ja, das Telefonbuch, hilfreich in vielen Lebenslagen, aber wenn ich nach mitteleuropäischer Vorstellung jemanden suche, dann habe ich wenig Erfolg, denn Familiennamen sucht man dort vergebens. Warum?

Gehen wir zurück in die Vergangenheit. In den frühen Zeiten hatte man einen Namen, also zum Beispiel Halldór. Wenn der Vater Jón hieß, war man Jóns Sohn, also Jónsson (Sohn = -son, dazwischen ein Genitiv-S). Zusätzlich konnte Halldór noch weitere Namen erhalten wie der Starke, der Rote, der Kühne usw., je nachdem, was er so trieb. Halldór hatte nun auch noch eine Schwester, Þjóðhildur, ihr zweiter Name war Jónsdóttir (Tochter = -dóttir).

Einen gemeinsamen Familienname gab und gibt es nicht, da nur die Patronymika ergänzt wurden und werden, die Vatersnamen.

Natürlich keine Regel ohne Ausnahme, auch in Island gibt es einzelne Familiennamen, vor allem wenn die Familien ursprünglich aus Dänemark oder Norwegen stammen (19. Jahrhundert oder früher). Ansonsten ist es sehr reizvoll, über Friedhöfe zu gehen und dort anhand der Grabsteine die Familienverhältnisse zu studieren. Entsprechend haben auch Ehepartner keinen gemeinsamen Namen. Namensähnlichkeit kann nur entstehen, wenn bei beiden Partnern die Väter zufällig den gleichen Namen haben. Es bliebe dann aber immer noch der Unterschied im Namenszusatz »-son« oder »-dóttir«.

Wenn Isländer unterschreiben, sieht man häufig, dass sie das Suffix, also die Endung weglassen, da sowieso klar ist, ob es sich um einen Mann oder eine Frau handelt. Insofern ist sicher auch verständlich, warum das Telefonbuch nach den Vornamen aufgelistet ist.

Nationalparks

Besser einzäunen?

In einem schönen Land, das reich an Naturphänomen und Naturwundern ist, würde man viele Nationalparks mit hohen Auflagen für die Besucher erwarten. Doch bisher gibt es lediglich drei dieser Areale.

Der erste Nationalpark wurde 1928 in Þingvellir errichtet. Hier befinden sich nicht nur kulturhistorisch bedeutsame Plätze, sondern auch ein besonderes geologisches Phänomen. Der Graben Þingvellir wird von den Spalten Hrafnagjá im Osten und Almannagjá im Westen begrenzt. Er ist die Fortsetzung des mittelatlantischen Rückens, von dem hier die eurasische und die nordamerikanische Kontinentalplatte auseinander treiben.

Bis 2008 gab es vier Nationalparks. Damals schuf man den größten Park Europas: den Nationalpark Vatnajökull. Mit einer Fläche von rund 14.000 km² umfasst er 14 % des Landes. In ihn sind zwei ehemalige Nationalparks eingegangen, angrenzende Naturschutzgebiete

werden von den Parkwächtern mit kontrolliert. Sicher war und ist das ein großer Erfolg und eine Reaktion auf die Proteste gegen den Staudammbau im Nordosten Anfang der 2000er-Jahre. Im Zentrum des Parks liegt der Gletscher Vatnajökull. Die Schutzbestimmungen sind klar und restriktiv, doch wäre nicht ein System mit Eintritt effizienter? Immerhin werden sie von Parkwächtern kontrolliert, vor allem damit nicht wild gecampt wird und die Geländewagen auf den Pisten bleiben.

Schaut man auf die Liste der gefährdeten Naturmonumente, wie z. B. Geysire oder Gullfoss, dann reicht der aktuelle Schutz offensichtlich nicht aus. Auch Strände und Lavaformationen, die sich im dritten Nationalpark, Snæfellsjökull, befinden, stehen auf der Liste. Dieser Park umfasst eine Fläche von 167 km².

Außer den Parks gibt es noch 37 Naturschutzgebiete, die besonderen Bestimmungen unterliegen, die strengsten gelten für die Insel Surtsey. Diese dürfen nur Wissenschaftler betreten.

91 Nationaltracht
Ladies first

Regelmäßig sieht man Frauen und Männer bei festlichen Anlässen, Empfängen, am Nationalfeiertag oder im Gottesdienst an hohen christlichen Feiertagen in Tracht. Eine wirklich traditionelle Version tragen dabei nur die Frauen.

Die Festtracht, *skaut,* entwickelte sich im 19. Jahrhundert. Abgesehen von farbigen Stickereien, manchmal am Rocksaum oder auf der Brustpartie, sind der lange Rock und die Weste schwarz. Dazu trägt man eine weiße Bluse, eine Schürze und eine schwarze Mütze mit Quaste. Die Mütze stammt traditionell aus dem 18. Jahrhundert und wurde ursprünglich im alltäglichen Gebrauch getragen. Die damals übliche festliche Kopfbedeckung waren hohe, schwarze Hüte, orientiert an der europäischen Mode. In früheren Jahrhunderten trugen die Frauen meist hohe weiße Hauben und entsprechende Mäntel.

Die heutige Tracht orientiert sich eher an der ländlichen Kleidung, von daher gehören Schürze und manchmal ein Schultertuch dazu. Lediglich die Bergfrau, *fjallakonan,* die am Nationalfeiertag ein Gedicht vom Balkon des Parlamentsgebäudes vorträgt, sowie die Präsidentin bzw. die Gattin des Präsidenten tragen die weiße Haube.

Besonders auffällig ist der Schmuck, bestehend aus einem Gürtel, Ketten und Knöpfen. Die Goldschmiedekunst hat in Island eine lange Tradition, in etlichen Schmuckgeschäften findet man Stücke, die an die historischen Arbeiten angelehnt sind. Aufgrund des Schmucks ist die Tracht ein wertvoller Besitz, der nicht selten auch von Generation zu Generation weitergegeben wird.

Gut 20 Jahre ist es her, dass auch für Männer eine Art Tracht entworfen wurde, die etwas eleganter wirkte. Ein traditionell anmutender Anzug bestand ursprünglich aus schwarzer Jacke mit Goldknöpfen und Kniebundhosen mit farbigen Wollstrümpfen. Bei der neuen, eleganteren Variante trägt der Mann eine schwarze, lange Hose, was stimmiger als Abendgarderobe wirkt.

CAESAR
HULL

95 Naturschutz
Wer schützt was?

Naturschutz ist ein heiß diskutiertes Thema im Land – spätestens seit dem Baubeginn des Kárahnjúkar-Staudammes im Nordosten hat sich eine laute und aktive Umweltbewegung formiert. Doch Umweltschutz und wirtschaftliche Interessen treffen immer wieder aufeinander.

Beeindruckend ist die Karte mit den zahlreichen geschützten Landschaften, Regionen, Wasserfällen, Vulkanen, Pflanzen usw., die man sich auf der Webseite der Behörde für Umweltschutz ansehen kann. Man ist in Island redlich bemüht, die Natur zu schützen, zumindest nach den offiziellen Verlautbarungen. Doch bei Entscheidungen für Wirtschaft oder Naturschutz fällt die Antwort auch in Island meist gegen die Natur aus.

Was aber regelmäßig die Gemüter erregt, ist die Tatsache, dass die Bevölkerung bei Entscheidungen zu Umweltangelegenheiten nicht gehört wird. So zuletzt wieder bei dem Ausbau der Kraftwerke auf der Halbinsel Reykjanes. Die Frage nach Stromproduktion mit entsprechenden Stromleitungen birgt Konfliktstoff, denn für den weiteren industriellen Ausbau in der Region soll das Geothermalgebiet Eldvörp geopfert werden. Der Reykjanes Geopark steht zwar unter Naturschutz, die Geothermalgebiete sind jedoch aus dem Schutzgebiet exkludiert worden.

Genauso ist die Frage nach dem Schutz des Hochlands ein wichtiges Thema. Einer der führenden Aktivisten ist der Autor Andri Snær Magnason, der mit seinem Buch *Traumland* vor dem Ausverkauf seines Landes warnte.

Die isländische Natur ist zweifelslos ein Wirtschaftsfaktor, an dem der Tourismus und die Energieindustrie gleichermaßen partizipieren. Zugleich sind sie auch diejenigen, die die Natur zu zerstören drohen. Ein Konflikt, für den es aktuell noch keine Lösung gibt.

Landsvirkjun
Þjórsár- og Tungnaársvæðið
Thjórsá and Tungnaá Area
Um Landsvirkjun
About Landsvirkjun
Sjálfbær nýting orkugjafa
Industry Leader in
Sustainable Energy

95 Nordische Götter

Die Vielfalt des Glaubens

Schon bei der Christianisierung im Jahr 1000 gingen die Isländer recht pragmatisch mit dem neuen Glauben um. Natürlich stimmten sie der Taufe zu, waren aber gleichzeitig der Ansicht, dass es ja nicht schaden könnte, wenn auch die vertrauten alten Götter noch ihre schützenden Hände über die Menschen halten. Ein einzelner Gott konnte damit leicht überfordert sein.

Die Welt der nordischen Götter ist vielfältig und verzweigt, sie gleicht einer großen Familie. In der Edda gibt es die berühmte »Weissagung der Seherin« (Völuspá), in der die Herkunft und die Zukunft des Göttergeschlechts der Asen kundgetan werden. Zu diesem Geschlecht gehören Odin, der Allvater und höchste der Götter, der Donnergott Thor, der Lichtgott Baldur, Loki, der etwas zwiespältige Gott, und natürlich auch die Ehefrauen wie Frigga, Idunn oder Síf. Sie alle haben entsprechende Aufgaben und helfen den Menschen in bestimmten Situationen. Natürlich nur, wenn diese Sippe nicht zu sehr mich sich selbst beschäftigt ist.

Trotz des Christentums und des großen Einflusses der Kirche in den früheren Jahrhunderten, sind die alten Götter und ihre Geschichten nie verschwunden. Seit 1973 existiert die Gemeinschaft der Asengläubigen, *Ásatrúarfélagið,* die eine anerkannte Religionsgruppe ist. Das Oberhaupt ist der Hochgode, hinzu kommen die Goden, die Aufgaben wie Priester wahrnehmen, z. B. Eheschließungen – auch von Nicht-Isländern –, Taufen oder Beerdigungen. Seit 2003 ist der Komponist und Musiker Hilmar Örn Hilmarsson Hochgode. Er komponierte u. a. die Soundtracks zu *Kinder der Natur, Engel des Universums* oder *Beowulf and Grendel.* Im Zentrum der Religion steht die Achtung der Natur und allen Lebendigen, der Mensch ist verantwortlich für sein Leben und Handeln. Die Ausübung dieser Religion ist recht frei, es gibt kaum Regeln oder Vorschriften von den Göttern. Als inspirierende Texte werden Lieder, Erzählungen und Gedichte der Edda herangezogen.

Die Blót-Feiern, ursprünglich Opferzeremonien für die Götter, sind die wichtigsten Feiern, zu denen die Mitglieder zusammenkommen. Gefeiert wird unter freiem Himmel. Aufgrund der Naturverbundenheit sind es vor allem Jahreszeitenfeste, die Wintersonnenwende, der erste Sommertag (Mitte April), die Sommersonnenwende, der erste Wintertag (Anfang Oktober). Zu den Feiern sind alle willkommen, die daran teilnehmen möchten, nicht nur die knapp 2.000 Mitglieder der Gemeinschaft.

Jeder über 16 Jahre kann Mitglied werden, die Zahl steigt jährlich.

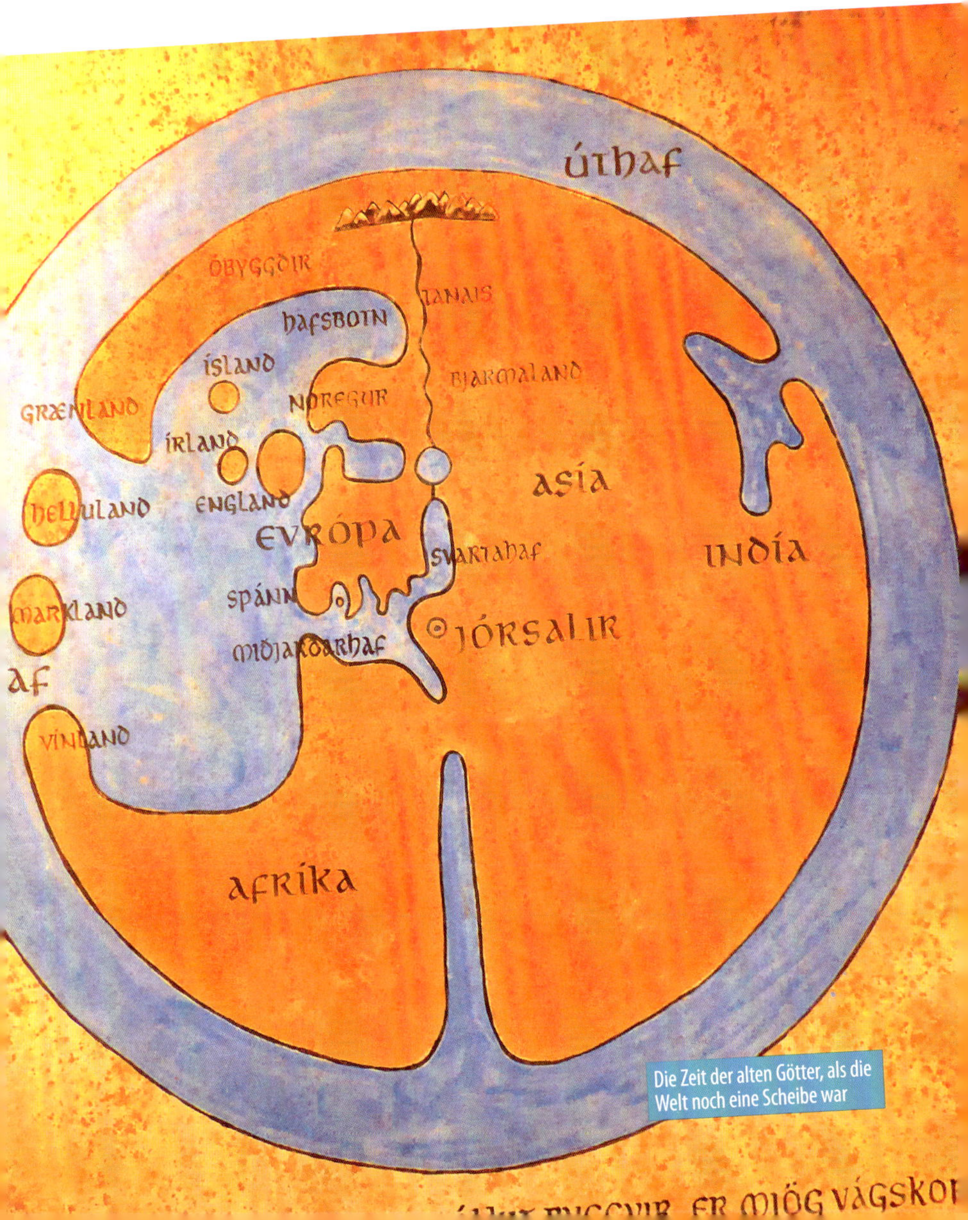

Die Zeit der alten Götter, als die Welt noch eine Scheibe war

Nordwesten
Mystische Einsamkeit

Bis heute gilt der Nordwesten als das bestgehütete Geheimnis, eine Region, die nur schwer zugänglich ist, etwas abseits liegt – aus Sicht der Ringstraßenreisenden – und herb und abweisend wirkt. Außerdem liegt ein graues, mystisches Geheimnis über der Halbinsel – wetterbedingt.

Cineasten werden sich an Friðrik Þór Friðriksson Film *Börn náttúrannar (Kinder der Natur)* erinnern. Zwei Alte verlassen ihr Altenheim und Reykjavík, um sich an den Ort ihrer Herkunft im Nordwesten zu begeben. Wir sehen sie bei einem verlassenen Hof mit kleiner Kirche und Friedhof, inmitten einer grünen Wiese. Dahinter ragen die typischen Plateauberge steil auf, entlang des Strandes liegt Treibholz. Eine wunderbar einsame Idylle! Hier überraschte es nicht, als ein Wesen auftauchte, verkörpert von Bruno Ganz, das die alte Frau mit sich nahm. Beide verschwanden im Nebel.

Ja, so geheimnisvoll ist der Nordwesten, genannt die »Westfjorde«.

Nur durch einen schmalen Ismus mit der Restinsel verbunden ragen die Westfjorde wie eine Tatze ins Meer. Dieser Region, in der bis heute die Stürme besonders heftig sind und an deren Gestaden zahlreiche Schiffe strandeten oder gar sanken, verdankt Island auch seinen Namen: Eisland.

Flóki Vilgerðarson versuchte in den Westfjorden zu siedeln, aber in seiner Begeisterung vergaß er ausreichend Heu für seine Tiere einzuholen. Der Winter war so kalt, dass ein großer Teil seines Viehs starb. Zudem waren die Fjorde und auch das küstennahe Meer mit Eis bedeckt. Entsprechend desillusioniert benannte er die Insel. Aber es heißt, dass er sich einige Jahre später dann doch im Land angesiedelt habe.

Von der äußersten Nordwestspitze sind es knapp 300 km nach Grönland und Treibeis aus der Richtung war keine Seltenheit. Selbst heute treiben noch Schollen vorbei, manche mit Passagieren (Eisbären, siehe Seite 48). Die Nordwestfjorde gehören geologisch zu den ältesten Gesteinsmassen Islands. In ihrer Struktur ähneln sie den Ostfjorden: tiefe Fjorde und relativ steil aufragende Berge. Vor allem die Vogelfelsen bei Látrabjarg und Hornbjarg sind bekannt. Tausende Seevögel nisten hier jedes Jahr, da die Vögel in den Gewässern geeignete Kleinfische finden. Der Fischreichtum war und ist das Kapital der Region, doch vielerorts sieht man nur noch verfallende Fischfabriken. Der Hering ist ein sehr unsteter Fisch und aus ehemaligen Boom-Orten wurden Gespensterplätze. Einer ist Djúpavík (siehe Seite 40), wo seit 1986 ein ehemals Reykjavíker Ehepaar ein Hotel betreibt. Die alte Fischfabrik wird heute als Industriemuseum genutzt

Das Leben im Nordwesten war in den früheren Zeiten entbehrungsreich. Entlegene Höfe, zu denen der Postbote nur mit dem Boot kommen konnte, Nachbarn waren viele Kilometer entfernt. Die See stürmisch und entsprechend gefährlich für die Fischer in den kleinen Booten. Elektrizität kam erst wesentlich später hierher. In den 1950er-Jahre setzte eine Abwanderungswelle ein, zum einen wurden immer mehr Fischfabriken geschlossen und zum anderen verließen die Jungen die Höfe. Wenn man heute in dem Gebiet von Hornstrandir wandert, trifft man auf etliche verlassene Häuser. Einige wurden wieder instandgesetzt und sind nun Sommerhäuser, andere sind fast vollständig überwachsen. Dass diese einsame Region die Fantasie der Menschen anregt, verwundert nicht, wer hier aufgewachsen ist, galt schon als sehr besonders.

Ókey
Amerikanische Importe und Lebensformen

Das Verhältnis zu den Amerikanern und ihrem *Way of life* war in der Zeit des Zweiten Weltkrieges sehr ambivalent. Für die einen brachten sie Fortschritt und Arbeit ins Land, für die anderen den Sittenverfall. Der Weg zu einem normalen Verhältnis zueinander war steinig.

Natürlich brachten die amerikanischen Truppen nicht nur Wohlstand für die Isländer, sondern mit ihnen kamen Musik, Kultur und Männer. Einige isländische Frauen fingen Verhältnisse mit GIs an, was damals ein Skandal war. Der isländische Historiker Sigurður Líndal bezeichnet es als Sittenlosigkeit und moralischen Verfall, das traf definitiv die damalige konservative Haltung der meisten. Für die Frauen wurde es ein Problem, denn sie wurden stigmatisiert. Wenn sie Glück hatten, heirateten sie den GI und gingen später mit ihm in die Staaten. Die anderen standen am gesellschaftlichen Pranger und verließen ebenfalls oft das Land.

Jahrzehntelang protestierten die Isländer mit Friedensmärschen gegen die Stationierung und die Airbase. Eine Ausnahme bildeten diejenigen, die dort arbeiteten. Doch

alle Proteste konnten nicht verhindern, dass amerikanische Musik, Kunst und der Lebensstil in Form von Mode, Architektur und Autos Einzug in die isländische Gesellschaft erhielt. Bis Anfang der 1990er dominierten Thunderbird, Chevrolet und Bronco das Straßenbild. Allein Amerikanismen in der Sprache wurden nicht geduldet.

Heute hat sich das Verhältnis normalisiert – als 2006 die Airbase in Keflavík geschlossen wurde, begann gar das Weinen, als plötzlich 900 Arbeitsplätze verschwunden waren. Außerdem stellte man sich die Frage, wer das Land letztlich beschützen könnte – eigene Streitkräfte hat Island nicht.

Ungeklärt dieser Frage kann man die Nähe von Island zu den USA in diesen Tagen nicht mehr bestreiten. Die Währung orientiert sich am Dollar, täglich gibt es zahlreiche Flugverbindungen und in der Kultur sowie der Mode ist Amerika immer noch bedeutsam. Ach ja, und es gibt jetzt auch ein »okay« – »ókey«.

Rock 'n' Roll-Museum in Keflavík

Papageitaucher
Ihn lieben alle

Island ist bekannt für seinen Vogelreichtum und bei Ornithologen ein beliebtes Ziel. Doch es gibt wohl nur einen Vogel, den jeder mit der Insel verbindet: den Papageitaucher.

Voll Entzücken schreien die Besucher auf, wenn sie den knapp 30 cm großen Vogel sehen. Auffallend ist der orange-gelb gestreifte, kompakte Schnabel, der leuchtend aus dem weißen Gesicht ragt, in dem zusätzlich noch die großen Augen mit der Hornplatte am oberen Lidrand dominieren. Er wirkt etwas clownesk oder erinnert wegen des kräftigen Schnabels an einen Papagei. Lediglich vier Monate kommt der kleine Alkenvogel an Land, ansonsten lebt er auf dem Wasser. Nur in der Balz- und Brutphase an Land ist der Schnabel so auffallend, schließlich gilt es ja, dem Partner zu gefallen.

Man schätzt, dass rund 3 Millionen Paare in Island brüten, das ist die höchste Population an Papageitauchern im nordatlantischen Raum. Die Vögel brüten von Schottland bis nach Grönland und Kanada sowie in Norwegen. Doch in den letzten Jahren hat sich der Bestand verringert und vor allem auch weiter in den Norden der Insel verlagert. Die frühere Hochburg auf Heimaey ist heute deutlich ruhiger. Ein Temperaturanstieg des südlich strömenden Meeres hat die kleinen Sandaale vertrieben, von denen sich die Papageitaucher ernähren. In den Gewässern nördlich von Island tummeln sie sich jetzt – und entsprechend trifft man dort auch auf die meisten Vögel.

Den Spaß, den man an der Beobachtung hat, rührt von den Bewegungen her. Papageitaucher drehen und wenden sich, immer Ausschau haltend, wer Nahrung woher bringt, damit sie sich in die gleiche Richtung zur Suche aufmachen können. Wenn man in der Nähe sitzt, meint man, selbst beobachtet zu werden, vor allem wenn die Vögel den Kopf drehen. In den Kolonien ist es relativ ruhig, verglichen mit Möwenkolonien, dort herrscht immer Gekreische.

Papageitaucher graben sich Bruthöhlen, in die sie ihre Eier legen. Die Brutzeit dauert etwa sechs Wochen, anschließend braucht es noch rund acht Wochen, bis die kleinen, noch grauweißen Vögel flügge werden.

Auf Heimaey ziehen Kinder los, um die verirrten Jungvögel, die sich zunächst Richtung Licht und Stadt orientieren, einzusammeln. Am Strand setzen sie die Tiere aus, damit sie aufs Meer fliegen. In früheren Zeit hat man die Papageitaucher gejagt und zu Gerichten verarbeitet. Heute ist die Jagd, auch aufgrund der sinkenden Bestände, verboten.

Mitte bis Ende August verlassen die Papageitaucher ihre Brutplätze, danach muss man schon auf einem Schiff sein, um die kleinen Vögel zu entdecken.

100 Plattentektonik
Das Wachsen der Insel

Dass Islands Oberfläche häufig in Bewegung ist, spürt und sieht man vielerorts. Verantwortlich dafür ist die Lage der Insel, sowie ihre eruptive Entstehung: Das Zusammentreffen von aufsteigender Magma aus der Kontinentalspalte und einem Hot Spot.

Alfred Wegener veröffentlichte schon 1915 seine Theorie von der Kontinentalverschiebung, doch die Anerkennung seiner Theorie erlebte er nicht mehr. Heute ist die Plattentektonik ein Faktum und damit die Bewegung der Kontinentalplatten, einige driften auseinander und andere gegeneinander.

In der Mittelregion des Nordatlantiks treiben zwei riesengroße Kontinentalplatten in Ost-West-Richtung auseinander, zwischen ihnen quillt Magma hervor. Diese Magmaproduktion hat den Mittelatlantischen Rücken aufgebaut. Das Magma und eine Fontäne im Erdmantel ließen Island entstehen. Das passierte vor 20–25 Millionen Jahren. Über die Zeit bildete sich ein Plateau aus Lavaschichten, Vulkanruinen und Sedimenten. Durch das Auseinandertreiben der Platten (rund 2 cm pro Jahr) und das gleichzeitige Nachströmen von Magma wuchs die Insel langsam zu ihrer heutigen Größe heran.

Die zwei Zentimeter sind ein Durchschnittswert. Es gibt Jahre und Jahrzehnte, da passiert gar nichts, und plötzlich bilden sich breite Spalten. Der Nordatlantische Rücken verläuft genau durch Island, es ist die sogenannte Riftzone, die sich von der Reykjanes-Halbinsel im Südwesten bis in den Norden zum Öxarfjörður erstreckt. In Island kann man also von einer Kontinentalplatte zur anderen laufen. Damit es »einfacher« ist, hat man in Reykjanes eine Brücke errichtet – zur Freude der Besucher. So schnell kommt man ansonsten nicht von Eurasien nach Nordamerika.

Übrigens, Alfred Wegener selbst war auch in Island, er hat hier allerdings nur Pferde für seine Grönlandexpedition gekauft.

101 Präsident
Das manchmal schillernde Staatsoberhaupt

Die Isländer lieben ihren Präsidenten und vermutlich wäre Ólafur Ragnar Grímsson auch noch ein fünftes Mal gewählt worden. Doch manchmal ist es besser, den geordneten Rückzug anzutreten.

In der Verfassung, die am 17. Juni 1944 mit Ausrufen der Republik Island in Kraft trat, wurde auch das Amt des Präsidenten festgelegt. Er wird jedes vierte Jahr vom Volk gewählt und ist der höchste Repräsentant des Landes. Zugleich ist er auch der Großmeister des Falkenordens (siehe Seite 56). Im August 2016 wurde der sechste Präsident Islands in sein Amt eingeführt, der Historiker Guðni Th. Jóhannesson. Mit 48 Jahren ist er der jüngste bisher gewählte Präsident, der in den ersten Wochen seiner Amtszeit gleich sehr volksnah auftrat.

Die beiden Vorgänger nahmen eine durchaus glamouröse Rolle ein. Vigdís Finnbogadóttir war von 1980 bis 1996 das Staatsoberhaupt. Sie vertrat ihr Land und verhalf ihm in vielfacher Hinsicht zu mehr Beachtung. Die Frauenbewegung blickte plötzlich nach Island, dort passierte etwas. Die Kulturschaffenden sahen, dass eine von ihnen durchaus oberste Repräsentantin sein kann. Außerdem war sie nicht verheiratet und hatte eine Adoptivtochter, damals noch ungewöhnlich.

Ihr Nachfolger Ólafur Ragnar Grímsson blieb sogar 20 Jahre im Amt, vielleicht wäre er wiedergewählt worden, wenn er sich mit seinen Antworten im Zusammenhang mit den Panama-Papieren zurückgehalten hätte. Die Familie seiner Ehefrau Dorrit Moussaieff hatte entsprechende Briefkastenfirmen – Ólafur Ragnar wusste von nichts. Die Präsidentengattin war sehr beliebt, denn sie setzte sich für zahlreiche soziale Projekte, vor allem für Kinder, ein. Dass sie vermögend war, fanden die Isländer in Ordnung, sie waren sogar stolz darauf, dass ihre »First Lady« andere und vor allem royale Oberhäupter mit ihren Juwelen ausstechen konnte.

Die Präsidentenresidenz ist seit 1944 der Hof Bessastaðir. Das historische Gebäude wurde 1761–1766 errichtet. Mit entsprechenden Anbauten hat man dem Anwesen etwas mehr repräsentative Größe gegeben.

Promis
Die Reichen und Schönen

In einer kleinen Gemeinschaft ist man schnell prominent und damit bekannt. Natürlich gibt es einige Isländer, die durchaus den Status eines Celebrity im Land erreicht haben: Schauspieler, Musiker oder Politiker. Doch – wenig glamourös – machen die im Grunde das Gleiche wie die übrigen Bürger.

Ich erinnere mich noch gut, wie mir einer der Praktikanten im Goethe-Zentrum aufgeregt erzählte, dass er neben Björk in einer Kneipe gestanden habe. Promis sind in Island nicht mit großem Gefolge und Personenschützern unterwegs. Sie wissen, dass sie nicht gestört oder angestaunt werden, auch penetrantes Fotografieren findet hier nicht statt. Björk war früher regelmäßig in Reykjavík zu sehen, schließlich lebte ihre Mutter hier.

Prominente Isländer sitzen genauso in den Hot Pots wie die nicht prominenten, die frühere Präsidentin tat das regelmäßig. Viele Isländer glauben immer noch: »Alle Isländer sind gleich«. In den letzten Jahren musste sie durch die Krise erfahren, dass das schon lange nicht mehr stimmt. Dennoch ist dieser Gedanke nicht wirklich verschwunden. Von daher würde es wenig ins Selbstverständnis passen, wenn sich die Reichen und Schönen abkapseln.

Trotzdem hat natürlich auch Island ein entsprechendes Magazin, das man zur Yellow Press rechnen kann und in dem Stories über Promis stehen. Allerdings wenig über die ausländischen, viel über die isländischen. Ein bisschen schmückt es schon, wenn man jetzt auch ein Beinchen in diese »internationale« Glamourwelt bekommen hat. Doch über die Insel hinaus sind nur sehr wenige Isländer wirklich berühmt.

Rabe
Der schwarze Geheimnisvolle

Geliebt und verhasst, der Vogel der Weisheit und des Unglücks, so wird der Rabe von vielen gesehen. Weit verbreitet im Land, meist in Felsen, Schluchten und Lavafeldern im Flachland baut er seine Horste und zieht seine Kreise.

Mit kraftvollem Flügelschlag zieht er seine Runden, lässt sich treiben und vollzieht geradezu akrobatische Kunststücke. Sein Krächzen klingt nicht selten wie ein meckerndes Gelächter, verdoppelt von den Felsen. Lacht er, der Weise, den dummen Menschen aus? Er sieht alles und weiß alles, schon der Göttervater Odin wird von zwei Raben begleitet. Es sind Huginn (der Gedanke) und Muninn (das Gedächtnis), sie sitzen auf seinen Schultern und flüstern ihm alle Neuigkeiten ins Ohr. Sie sehen und hören alles. Jeden Morgen schickt Odin die Vögel aus, um über die ganze Welt zu fliegen und ihm zum Frühstück zu berichten.

Schon im 10. Jahrhundert wurde Odin als der Rabengott beschrieben. Die Raben umkreisen auch die Schlachtfelder, sowohl in der Mythologie als auch real. Raben werden oft als Todesvögel gesehen, Begleiter von Hexen und Zauberern, Unheilbringer bzw. -verkünder. Das Bild des Raben in der Vorstellungswelt ist vielfältig, und bis heute zählt der Vogel auch in Island nicht zu den nur geliebten. In Ausstellungen über Zauberei und in Verbindung mit Geistern und Tod tauchen immer ausgestopfte Raben auf. Vermutlich ist es ihr Wissen und ihr Gelächter, das die Vögel so unheimlich macht.

Rund 3.000 Paare leben im Land. Man sieht sie selten allein, meist fliegen Huginn und Muninn zusammen aus. Neugierig beobachten sie einen und scheinen jede Bewegung zu kommentieren. Sie kennen die Zukunft, nur leider können wir sie nicht verstehen.

Reykjavík
Herz und Kopf der Insel

Was ist eigentlich Reykjavík? Die nördlichste Hauptstadt? Die angesagteste Partystadt in Europa? Eine Stadt mit einer großen Geschichte? Ist es wirklich eine Stadt oder doch nur eine großflächige Ansammlung von Häusern? Reykjavík ist einiges, vor allem aber eine lebendige Kulturstadt mit zahllosen Kneipen, in der im Sommer nicht das Licht ausgeht.

Begonnen hat alles mit dem ersten offiziellen Siedler Ingólfur Arnarson, der hier in der Bucht seine Hochsitzsäulen fand. Damit musste er nach nordischer Tradition an diesem Platz seinen neuen Hof errichten, doch die First Family blieb nur vier Generationen hier. Für Großbauern war das Gebiet nicht so ertragreich, lediglich die Fisch- und Jagdgründe waren optimal. In der Summe gab es in der Umgebung nur vereinzelte Höfe oder auch Klöster wie auf der Insel Viðey. Gebäude aus dem Mittelalter sind nicht erhalten, lediglich die Grundmauern eines Langhauses aus dem 10. Jahrhundert hat man freigelegt. Diese bilden heute das Zentrum des Museums »871 +/-«.

Wenn man durch Reykjavík geht und historische Gebäude sucht, so findet man das älteste noch erhaltene auf Aðalstræti 10, der alten Hauptstraße. Es ist ein kleines anderthalb-geschossiges Haus. Hier standen im 18. Jahrhundert die meisten Häuser, doch als Reykjavík 1786 Stadtrecht erhielt, lebten gerade einmal 170 Menschen in der Stadt. Es dauerte noch bis Ende des 19. Jahrhunderts, bis aus Reykjavík die Hauptstadt wurde. Eine Stadt im europäischen Sinne war es nicht, eher ein größeres Dorf mit schlammigen Straßen, einer Kirche – heute Dom genannt, sieht aber eher aus wie eine Dorfkirche –, dem Parlament, einem Gefängnis und anderen öffentlichen Gebäuden. Ja selbst noch in den frühen 1980er-Jahren war Reykjavík eher putzig mit bunten, Wellblech verkleideten Häusern, einigen Wohnblocks und imposanteren Gebäuden wie der Universität oder dem Nationaltheater. Alles wirkte verschlafen, provinziell und kleinstädtisch.

Der Um- und Aufbruch kam mit der Aufhebung des Bierverbotes. Kneipen eröffneten an jeder Ecke und Laugavegur, die Einkaufsstraße, entwickelte sich zur längsten Theke. Was vorher etwas im Verborgenen stattfand, war nun öffentlich. Zeitlich parallel entwickelte sich die Kunstszene, vor allem die Musik- und Filmszene, Björk wurde ein internationaler Star. Es brauchte noch rund 10 Jahre und Reykjavík war hipp. Die Tourismusbranche tat das Übrige und brachte die Wochenendausflügler aus London oder Glasgow hierher. Das Nachtleben galt als legendär, One-Night-Stands garantiert. Hallgrímur Helgasons Roman *101 Reykjavík* und die folgende Verfilmung förderten dieses Image. Irgendwann fand man das nicht mehr passend, und man versuchte, ein seriöseres Bild zu schaffen.

Allein, das Partyleben am Wochenende ist immer noch bunt und laut, die Zahl der Festivals in der Stadt scheint von Jahr zu Jahr zu steigen. Der zwischenzeitliche Einbruch des Baubooms ist überstanden, Kräne stehen herum, neue Wohnhäuser wachsen aus dem Boden, und noch immer hält der Zuzug in die Stadt an. Rund 65 % der gesamten Bevölkerung Islands leben in und um Reykjavík. Die Zahl der Hotels wächst und wächst, Restaurants und Kneipen kommen und gehen, neue angesagte Viertel, so z. B. am alten Hafen, entstehen.

Reykjavík ist und wirkt jung, hier passiert viel. Natürlich sehen sich die Bewohner als am Nabel der Welt lebend. In Island wird experimentiert, und das findet man auch in der Stadt, sei es architektonisch oder auch politisch. Schließlich war der vorletzte Bürgermeister ein Stand-up-Comedian, Jón Gnarr, der ein ausgesprochen beliebter Seiteneinsteiger war. Dass er nicht für einen weiteren Turn kandidiert hat, haben 2014 viele bedauert.

Egal, wie Sie sich die eingangs gestellten Fragen beantworten, eines ist Reykjavík sicher nicht: eine langweilige Stadt.

Ringstraße
Die Hauptschlagader des Landes

Vielleicht nicht so lang wie die Route 66, vielleicht auch nicht ganz so legendär, aber für viele Islandreisende war und ist sie ein Hit. Außerdem kommt man nicht um sie herum, wenn man sich im Land bewegen will.

Erst 1974 ist sie mit der Fertigstellung der letzten Brücken über den Skeiðerásandur komplettiert worden. Bis zu diesem Zeitpunkt mussten immer noch Reiter z. B. die Post von den jeweiligen Höfen im Süden transportieren. Die Alternative war ein riesiger Bogen über den Norden, statt rund 450 km heute, waren es früher rund 900 km. Als 1996 ein Gletscherlauf die Brücke und Teile der Ringstraße zerstörte, hat man diese innerhalb kürzester Zeit wieder repariert, die Ringstraße ist die Hauptschlagader des Landes.

Doch – und schon kommt die Einschränkung – die Ringstraße grenzt auch aus, und zwar den

Nordwesten und -osten sowie die Snæfellsnes Halbinsel. Politische Straßenplanung? Auf jeden Fall sind die Regionen Nordosten und -westen bis heute etwas getrennt vom Rest der Insel. Der isländische Fotograf Páll Stefánsson ist 1999 die Ringstraße abgefahren und zudem noch den Nordwesten und ein Teil von Snæfellsnes, insgesamt 1.881 km. Der Clou war, dass er alle 20 km stoppte und ein Foto machte.

Für die Touristen war die Ringstraße vor ihrer Totalasphaltierung – also vor ca. 10 Jahren – eine Herausforderung. Schotterpisten kannten die meisten nur aus der Landwirtschaft oder als Waldweg, aber als Nationalstraße? Egal wie gut die Straße heute ist, sie führt auf jeden Fall durch faszinierende Landschaften, und im Grunde lernt man die Vielfalt Islands quasi im Vorbeifahren kennen.

Übrigens: Die Ringstraße war auch der Hauptdarsteller in dem Film *Der Ring* von Friðrik Þór Friðriksson aus dem Jahr 1985.

Ruinen
Aus der Tiefe der Zeit

Seit 1.200 Jahren leben die Isländer auf ihrer Insel, doch Spuren aus der Vergangenheit sind nur selten zu sehen. Erst in den letzten 20 Jahren hat man systematischer begonnen, die Ruinen der alten Höfe aus dem Mittelalter nicht nur freizulegen, sondern auch zu zeigen.

Geschichte zum Anfassen gibt es in Island selten, aber zumindest versucht man, einmal Ausgegrabenes jetzt auch der Allgemeinheit zu präsentieren. Stöng ist ein alter Hof, der bei dem Hekla-Ausbruch 1104 verschüttet wurde und den man 1939 ausgrub. Heute kann man ihn, geschützt mit einer Überdachung, besichtigten. Die 20 weiteren Höfe, die im 11. Jahrhundert dort in der Region standen, liegen weiterhin im Verborgenen.

Eine besonders kuriose Anlage ist ein Hügel im Süden Islands bei Bergþórshvoll. Laut der bekannten *Njáls-saga* soll hier der Hof von Njáll und seiner Familie gestanden haben. Archäologische Untersuchungen und Ausgrabungen bestätigen, dass es in der Tat an dieser Stelle einen mittelalterlichen Hof gab, der – wie in der Saga – abgebrannt war. Kurios an der Sache ist vor allem, dass all dies nur auf einer Tafel steht, der Hof und alle Überreste ruhen unter dem Hügel.

Zum Glück gibt man sich mittlerweile etwas mehr Mühe. So kann man in Reykjavík z. B. die Reste eines Langhauses aus der Zeit der ersten Siedler sehen. Auch in Reykholt, dem ehemaligen Wohnort von Snorri Sturluson, hat man einige Ruinen freigelegt. Hoffen wir, dass sie weiterhin für alle sichtbar bleiben.

Replikate, von denen es einige im Land gibt, oder Informationstafeln über Ausgrabungen sind ja in Ordnung, aber originale Bauten sind authentischer.

107

Sagas
Die isländischen Kronjuwelen

Seit 2009 zählt die Sammlung der mittelalterlichen Manuskripte zum Weltdokumentenerbe der UNESCO. Die meisten Handschriften liegen in Reykjavík im Árni-Magnússon-Institut für isländische Studien. Weitere Bestände gibt es in Kopenhagen in der Königlichen Bibliothek sowie in der Königlichen Bibliothek in Stockholm. Doch egal, wo sie sind, für die meisten Isländer sind die Handschriften so bedeutend wie die Kronjuwelen für die Briten.

Geschichte und Geschichten sind in fast allen Nationen identitätsbildend, so auch in Island. Nur der kleinste Teil der Sagas – der Geschichten oder genauer: volkssprachlichen Literatur, so die Bedeutung des Wortes – sind die sogenannten »Isländersagas«, also die Geschichten, die von der frühen Siedlungszeit handeln. Lange Zeit wurde nur wenig bezweifelt, dass es sich dabei um wahre Begebenheiten handle, nicht zuletzt, weil der Erzählstil sehr sachlich ist.

Faktisch wurden alle Texte im 13. und 14. Jahrhundert geschrieben, also mehr als 300 Jahre nach den geschilderten Ereignissen. Somit sind sie fiktionale Werke damaliger Verfasser. Zudem liegt keine ursprüngliche Fassung der jeweiligen Sagas vor, sondern nur Abschriften von Abschriften. Die ältesten Saga-Fragmente stammen aus 1250, darunter auch vier Pergamentblätter aus der »Saga von Egill Skalla-Grímsson«. Die meisten Handschriften stammen aus der Zeit, als Island zum norwegischen Königreich gehörte, von 1262/64 an. Die Philologen betonen daher auch die politische Bedeutung der Texte, denn die isländische Gesellschaft formierte sich nach dem Ende des ersten Freistaates neu.

Insgesamt ist die Rezeptionsgeschichte der Sagas, genauer der »Isländersagas«, äußerst interessant, denn sie wurden lange auch als nationalpädagogisches Instrument in Anspruch genommen. Vor allem die Heldeninterpretationen waren an Freiheits- und Vaterlandsliebe geknüpft. Die Sagas waren die isländische Nationalliteratur schlechthin – im Selbstverständnis der Isländer. Gerne wurde betont, dass man sie immer noch im Original lesen könne, so klang es noch in den 1990er-Jahren seitens einiger Autoren. Aber schon Halldór Laxness hat eine Übertragung der Sagas ins moderne Isländisch vorgenommen mit dem Ziel, dass die Texte von mehr Landsleuten gelesen werden.

Auch in Deutschland hat es krude Rezeptionen vor allem zur Zeit des Nationalsozialismus gegeben. Immer auf der Suche nach dem ursprünglich Arischen oder Germanischen meinte man in dieser Literatur fündig zu werden. In den 1930er-Jahren gab es entsprechende Übersetzungen, die auch noch nach 1945 zugänglich waren. Erst seit 2011 liegt eine sehr gute, mehrbändige Ausgabe der »Isländersagas« vor, entsprechend kommentiert und vor allem wunderbar übersetzt – nicht nur von Philologen, sondern auch von Autoren wie Kristof Magnusson oder Übersetzern, die sonst isländische Gegenwartsliteratur übertragen.

Sammeln

Behalten und ausstellen

Wenn man in Island über Land fährt, sieht man nicht nur eine überwältigende Landschaft, sondern man findet auch manch' Kurioses: So wie die Schrottplätze an etlichen Höfen, die sich bei genauem Blick als »Sammlung« alter Fahrzeuge erweisen.

Neben dem Bauernhof, der durchaus auch aus mehreren Häusern unterschiedlicher Generationen bestehen kann, stehen alte Landmaschinen, Traktoren aus verschiedenen Zeiten und noch etliche Autos. Die meisten Dinge verrotten und sinken langsam, aber stetig in den Boden ein, andere werden wohl noch gebraucht – und sei es nur zum Ausschlachten. Auf der Wiese verrostet die alte Egge, um die in der Zwischenzeit sehr sorgfältig mit der neuen Mähmaschine herumgefahren wird. Wenn es gar zu viele Fahrzeuge werden, so kann man auch ein Fahrzeugmuseum daraus machen.

Entsprechende Automuseen sind nicht selten. Einige zeigen richtig alte Schätze und andere präsentieren nur die sonderbaren Privatbestände aus mehreren Jahrzehnten. Ein hervorragendes Verkehrsmuseum ist in Skógar, angeschlossen an das dortige Heimatmuseum. Hier gibt es eine Systematik, die vom Pferd über die ersten Jeeps bis zum Feuerwehrauto reicht. Auch die übrige Sammlung ist sehr lohnend aufgearbeitet, wobei es natürlich auch Bereiche gibt, in denen einfach mal alles, was dem Gründer des Museums aus der Region angeboten wurde, herumsteht. Auf jeden Fall hat man nach dem Besuch einen Eindruck vom Leben in der alten Zeit.

Museum heißt auf Isländisch *safn* – Sammlung, wobei *An*sammlung für viele Heimatmuseen treffender wäre. Einfach alles, was alt ist, wird ausgestellt. Erstaunlich, dass selbst so eine kleine Nation es auf sehr viele Buttertröge, Skýrpressen, Reitsättel und Spinnspulen gebracht hat.

Schach
Das Spiel des Jahrhunderts

Vielleicht fällt es nicht sofort auf, dass die Isländer schachbegeistert sind. In den 1990er-Jahren traf man in Reykjavík regelmäßig Spieler – junge wie alte – an den Tischen draußen an Lækjargata. Wo und wie gespielt wird, hat sich sicher seitdem geändert, aber die Leidenschaft ist geblieben.

Der isländische Schachverband wurde 1964 gegründet, doch schon seit 1958 zählte der isländische Großmeister Friðrík Ólafsson zu den besten Spielern der Welt, 20 Jahre behielt er diesen Status. Mit neun aktiven Großmeistern erreicht das Land prozentual auf die Einwohneranzahl gesehen den weltweit höchsten Wert. Alljährlich seit 2008 finden die Reykjavík Open statt. 250 Spieler aus 30 Nationen kommen dort regelmäßig zusammen.

Das wohl legendärste Schachereignis fand 1972 in Reykjavík statt, der Kampf zwischen dem Amerikaner Bobby Fischer und dem Sowjetrussen Boris Spassky. Phasenweise gerieten die Partien zu reinen Nervenkriegen und immer wieder drohte der gesamte Wettkampf zu platzen. Es war nicht nur ein Turnier, sondern auch ein politisches Ereignis in Zeiten des Kalten Krieges. Am Ende gewann Bobby Fischer, doch richtig glücklich wurde er nicht. 2005 drohte ihm sogar eine Gefängnisstrafe in den USA, Island garantierte ihm eine besondere Staatsbürgerschaft. Er lebte bis zu seinem Tod 2008 in Selfoss, Südisland, wo er auch begraben wurde. Sein Wohnhaus ist heute ein Museum, das an den größten Wettkampf in Island erinnert.

Schafe
Wollige Freigänger

Spätestens wenn man selbst durch das Land fährt, fallen sie auf: Mutterschafe mit meist zwei Lämmern. Während der Sommermonate sind sie eigenständig unterwegs, zur Freude der Bauern und zum Schrecken der Touristen.

In den letzten Jahren ist die Zahl der Schafe wieder etwas gestiegen, 2015 waren es rund 480.000. Die ersten Siedler aus Norwegen brachten sie ins Land und seitdem leisten sie gute Dienste. Sie liefern Fleisch, Milch und Wolle. Während der finsteren Zeiten der dänischen Kolonialherrschaft waren sie wahre Lebensspender. Eigentlich hätte man ein Schaf auf dem isländischen Wappen erwartet, doch das zieren ein Stier, ein Drachen, ein Adler und ein Riese, alle zum Schutz des Landes. Als das Wappen 1944 eingeführt wurde, war der Schutz wohl wichtiger.

Viele Jahre wurden die isländischen Schafsbauern dahingehend subventioniert, ihre Tier und damit auch das Fleisch zu vernichten. Schafe waren in den 1980er und 1990er nicht nur ein Glück, sondern auch eine Plage. Sie fraßen sich durch die Landschaft und jeder noch so kleine Halm oder winzige Schössling musste dran glauben. Das Resultat war, dass die Böden immer stärker durch Erosion gefährdet waren. Also wurden die Schafe reduziert und die Wiederaufforstungsflächen eingezäunt.

Ende Mai, Anfang Juni, je nach Länge und Härte des Winters, werden die Mutterschafe mit ihren Lämmern ausgesetzt. Sie bleiben den ganzen Sommer draußen, bis Anfang September der Schafsabtrieb beginnt. Die Bauern und viele Helfer holen die Tiere zu Pferd aus dem Hochland und von den Hängen. An vielen Stellen im Land stehen Rettur, Gatter mit Aufteilung, wo die Tiere direkt sortiert werden. Dieser Schafsabtrieb ist alljährlich ein großes Volksfest.

Die freilaufenden Schafe sind überall, also auch an oder auf den Straßen. Vor allem die Lämmer rennen gern völlig aufgeregt hin und her, immer auf der Suche nach dem Muttertier, das sich nicht weniger kopflos verhält. Für Touristen kann ein angefahrenes Schaf teuer werden.

111 Schokolade

Eine neue Erlebniswelt

Wer Schokolade hört, denkt an Belgien oder die Schweiz, das sind die Länder der wahren Chocolatiers. Das ist aber nicht die ganze Wahrheit, denn auch Island bietet süße Freuden und vor allem überraschende Kreationen.

Die erste Schokolade, die ich mit Genuss in Island aß, war Kochschokolade, wohl weil sie billiger und vor allem nicht so süß war. Genial fand ich dagegen die Mischung aus Lakritz und Schokolade, das gab es vor der alles umfassenden Globalisierung nur hier. Ein anderes Produkt trägt den Namen »Hraun« – Lava – und ist eine Mischung aus Puffreis und Schokolade. Die eckigen und unebenen Stücke erinnern an kleine Lavasteine.

Während die meisten Europäer noch verhalten auf isländisches Konfekt reagierten, waren die Isländer immer ganz verzückt. Die Schokolade ist aufgrund des hohen Rahmgehalts sehr cremig und wird zudem noch gut gesüßt. Aber es gibt eine neue Bewegung, Schokolade mit höherem Kakaoanteil und weniger Zucker. Außerdem hat man jetzt nicht nur die Lava im Angebot, sondern auch kleine Vulkane.

Ein Newcomer und fast ein Shooting Star ist die kleine, feine Confiserie »Omnom«. Sie stellt nicht nur faszinierende Schokoladen her, nein, sie liefert ein Gesamtkunstwerk. Begonnen haben die Gründer in 2012 und erhielten sofort Auszeichnungen. Sie verarbeiten eigene Kakaobohnen, die mit Nüssen im Verhältnis 50:50 geröstet werden. Zunächst war ihre kleine Firma in einer ehemaligen Tankstelle beheimatet, so bescheiden, dass ich sie kaum fand. Hier wurde experimentiert, produziert, verpackt und verschickt. In der Woche (2015) konnten gerade einmal 5.000 Tafeln produziert werden, 50 % gingen in die USA. In der Zwischenzeit ist die Firma in das alte Hafengebiet umgezogen und bietet sogar Führungen an. Die Verpackungen sind kleine Kunstwerke und bedienen einmal nicht die Island-Stereotypen. So viel Exklusivität hat natürlich ihren Preis, $ 11 die Tafel.

Der Name »Omnom«? Das ist ein Wohlfühllaut, die süße Meditation des Genießens.

SALTED
COFFEE
DMBS
MADAGASCAR
PAPUA
100%

112 Schulden
Wenn Inflation dein Freund ist

Die 1970er und 80er waren absolut unberechenbare Zeiten, als die Inflation in Island blühte und gedieh. Ein Kredit aufzunehmen, war für etliche ein lohnendes Geschäft. Sicher haben diese frühen Erfahrungen für viele Isländer die Basis für ihr lockeres Verhältnis zu Geld gelegt.

Im Jahresdurchschnitt lag die Inflation in der damaligen Zeit bei 35 % und erreichte ihren Höhepunkt 1983 mit sagenhaften 86 %. Es war damals geradezu idiotisch, größere Geldmengen zu tauschen, denn selbst auf einer vier bis sechswöchigen Reise machte man noch einen Gewinn – sofern man das bei den Preisen überhaupt konnte. Studenten, die Auslandsstipendien erhielten, nahmen das sehr locker, denn sie brauchten nur einige Jahre zu warten, bis ihre Stipendienschulden auf einen überschaubaren Betrag geschrumpft waren.

Aber auch später, als die Inflation eingedämmt war, machte fast jeder Schulden. Alle bezahlten mit Kreditkarten – wer Bargeld zückte, war entweder ein Loser oder ein Tourist. Natürlich hatten die Isländer damals mehrere Karten, man bezahlte die eine mit der anderen. Es ging der Witz umher, dass Rechnungen nur nach einem Lotterie-System von den Isländern bezahlt wurden. Firmen, die entsprechend säumige Zahler anmahnten, nahmen an der Verlosung nicht mehr teil.

Vielleicht hat diese lockere Haltung im Privaten auch die hohe Verschuldung der privaten Banken im großen Stil befördert. Die Besitzer der Banken liehen sich gegenseitig das Geld für weitere Aufkäufe. Es entstand ein riesiger Schuldenberg, der – solange die Wirtschaft weltweit munter weiterlief – nicht auffiel. Doch mit der Finanzkrise 2008 wurde offensichtlich, dass man weniger mit Geld als mit Schulden gehandelt hatte. Fatal war nur, dass die Isländer selbst in einen Taumel verfallen waren und, aufgrund ihrer völlig überbewerteten Krone, zahlreiche – damals sehr günstige – Kredite in Fremdwährungen aufgenommen hatten.

1 KR
IMF
TIL SÖLU
SELT
KR $2,100,000,00

113 Schutt & Asche

Eine Insel wurde ausgegraben

Einer der spektakulärsten Ausbrüche des 20. Jahrhunderts fand auf Heimaey statt, der einzigen, ständig bewohnten Insel des Vestmannaeyjar-Archipels. Bis heute prägen die Ereignisse der Nacht des 23. Januars 1973 die Insel, denn schließlich verschwand der florierende Fischereiort zunächst unter Lava und Asche.

»Heimaey, 23. Januar 1973, 1.55 Uhr nachts. Im Schlaf überrascht der Ausbruch eines neuen Vulkans die Bewohner des wichtigsten Fischereihafens von Island. Auf 1.600 Meter Länge riss die Insel im Osten. Unter dem Druck gespannter vulkanischer Gase schossen aus 15 bis 20 Feuerschlünden Lavafontänen bis zu 300 Meter hoch. Tonnenschwere Lavafetzen flogen als glühende Bomben durch die Luft. Zerstäubter Glutfluss senkte sich als vulkanische Asche über die Insel. In breiten Strömen ergoss sich die glühende Lava nach Osten hin ins Meer. Mit einer Temperatur von 1.100 Grad drängte der Glutfluss aus der Spalte.« So beschrieb der Journalist Ernst W. Bauer 1973 den Vulkanausbruch auf Heimaey, der für Monate zum weltweiten Medienereignis wurde.

Innerhalb weniger Stunden konnten alle 5.200 Einwohner in einer beispiellosen Rettungsaktion auf das Festland gebracht werden. Begünstigt hatte den reibungslosen Transport die Tatsache, dass die gesamte Fischereiflotte Islands in dieser Nacht im Hafen lag.
Fünf Monate dauerte der Ausbruch aus der 1,6 km langen Spalte, bei dem ein Drittel der 1.200 Häuser unter der Lava begraben und die übrigen von einer dicken Ascheschicht – insgesamt 1,5 Millionen Kubikmeter – bedeckt wurden. Die größte Gefahr war, dass die ins Meer fließenden Lavamassen die Hafeneinfahrt verschließen könnten und damit auch die Lebensgrundlage der Bewohner, die Fischverarbeitung, zunichtemachen würden. Um das zu verhindern, pumpte man Meerwasser zur Abkühlung auf die Lava, 4–5 Millionen Liter pro Minute, und erreichte so ein schnelles Erstarren.

Nach monatelangen Bergungs- und Reinigungsarbeiten kehrten rund zwei Drittel der Bewohner zurück. Heute ist Heimaey wieder eine florierende, grüne Insel, deren Bewohner es verstanden haben, Nutzen aus dem Vulkanausbruch zu ziehen. Insgesamt vergrößerte sich die Insel um 2,5 km^2, die neuen Lavamassen im Süden gewähren dem Hafen jetzt einen guten

Schutz gegen den Nordostwind, Baumaterial – früher eher Mangelware – ist im Überfluss vorhanden. Außerdem nutzten die Bewohner die Lavahitze mehrere Jahrzehnte zur Erwärmung ihres Wassers. Noch heute sind in tieferen Schichten des neuen Berges Eldfell Temperaturen von bis zu 200 °C zu messen. Natürlich handelt es bei Eldfell um den jüngsten Berg *der Welt* – was auch sonst.

2005 startete das Projekt »Pompeji of the North« und man begann damit, eines der Häuser, die noch unter der Asche liegen, auszugraben. Geplant waren mehrere entlang einer Straße, doch dazu kam es nicht. Interessant wäre es auf jeden Fall gewesen, denn die Bewohner haben fast alles zurückgelassen, niemand hatte Zeit, viel einzupacken, noch erwartete man, dass man nicht mehr in sein Heim zurückkehren würde. Schön wäre es sicher gewesen, einige der persönlichen Sachen wiederzufinden.

Heute gibt es zumindest ein ausgegrabenes Haus, und das steht in einem Museum – *Eldheimar* – in der Mitte, und dazu gibt es eine exzellente Ausstellung über den Ausbruch. Man hat sogar versucht, das damalige Beben und den Lärm fühl- und hörbar zu machen.

114 Schwarzer Tod
So rein wie Wasser

Es ist der andere Name für den isländischen Branntwein. Je nach Prozentzahl ist er genießbar oder einfach nur stark. Doch für etliche Besucher gilt er als das typische Getränk der Insel.

Der isländische Branntwein wird aus Kartoffeln hergestellt. In der Zeit des Alkoholverbots wurde er heimlich gebrannt, nicht immer hielten sich die Brenner ans Rezept. Heute kommt der Schnaps recht bescheiden daher: eine grüne Plastikflasche mit schwarzem Etikett. Der isländische Name lautet »Brennivín«, doch das schwarze Label erinnert an seinen zweiten Namen: »Der schwarze Tod«. In manchen Fällen hatten die alternativ gebrannten Alkoholika durchaus tödliche Wirkung; doch der Name bezieht sich auf den Alkoholgehalt, der zwischen 37 % und 40 % Vol. liegt. Außerdem hoffte man von staatlicher Seite aus, dass der Name vom Konsum abhält.

Brennivín ist ein hervorragendes Getränk in Kombination mit Hákarl oder anderen recht fettigen isländischen Köstlichkeiten. Doch viele trinken ihn auch einfach so. Auf dem Buchmessestand der isländischen Verlage gehört er zur Ausstattung. Dabei sind es weniger die Isländer, die ihn trinken, als vielmehr die skandinavischen Verleger, die ihn genießen. Für sie gehört das einfach zu ihrer Vorstellung von Island. *Skál!*

Schwulenbewegung

Die Regenbogenparade im Sommer

Die Isländer sind heutzutage ein vollkommen aufgeschlossenes Volk und lassen jeden leben, wie er möchte. Doch noch Anfang der 1990er-Jahre hatten es Schwule und Lesben nicht so leicht.

1992 erzählte ein isländischer Lehrer in einem Sprachkurs an der Hochschule, wie sehr Grönländer in Island verachtet würden. »Sie können nur in dieselben Kneipen gehen wie die Schwulen.« Randgruppen blieben damals für sich. Das hat sich vollkommen geändert, die Schwulen- und Lesbenbewegung ist lebendig. Die ehemalige Premierministerin Jóhanna Sigurðardóttir war eine bekennende Lesbe, was zu keiner Zeit in Island ein Thema war. Die Rechte Homosexueller sind angeglichen, so ist zum Beispiel auch die Ehe gleichgestellt zu heterosexuellen Paaren.

Seit 1999 gibt es alljährlich in der zweiten Augustwoche die Gay-Pride-Parade. Es ist ein buntes Straßenfest, zu dem oft bis zu 50.000 Besucher kommen, Schwule, Lesben und Heteros aus Island und der ganzen Welt. Die Parade gleicht einem fröhlichen, ausgelassenen Karnevalsumzug. Im Rahmenprogramm finden in etlichen Clubs Auftritte zahlreicher Künstler statt, natürlich überwiegend Schwule und Lesben.

110 Seeleute, ertrunkene
Islands tödliche Meeresströmungen

Viele, viele Seeleute sind in den Gewässern um Island ertrunken. Dieses traurige Schicksal ereilte die Fischer noch bis ins 20. Jahrhundert, entsprechend hat es die Gesellschaft geprägt. Doch außer den einheimischen waren es auch etliche ausländische Schiffe, die hier gesunken oder gestrandet sind.

Eine Seefahrernation war Island nie. Lediglich im Mittelalter fuhren die Norweger und später einige Isländer recht erfolgreich über die Ozeane und haben entsprechende Entdeckungen neuer Länder und/oder Besiedlungen unternommen. Doch im Verlauf der Jahrhunderte wurden die Seeaktivitäten immer geringer, zuletzt – unter dem dänischen Handelsmonopol – gab es überhaupt keine wirklich seetüchtigen Schiffe mehr, die in Island gebaut wurden. Die kleinen Ruderboote für 8–10 Mann reichten gerade, um vor die Küste rauszufahren und küstennah ein wenig Fischerei zu betreiben. Umso beeindruckender ist, dass mit dieser Ausstattung sogar Haie gefangen wurden.

Wenn man sich die kleinen Boote in den zahlreichen Regionalmuseen anschaut, dann überrascht eher, dass überhaupt so viele Fischer gesund zurückgekehrt sind. Die damalige Kleidung wurde aus Robbenhaut gefertigt und die Schuhe aus Fischhaut. Erst 1926 begann Hans Kristjánsson in Suðureyri (in den Westfjorden) robuste und schützende Kleidung für Fischer und Seeleute zu entwickeln. Aus seiner Firma ist das heute international bekannte Label 66° NORTH hervorgegangen.

Wenn man umherreist, so findet man in vielen Orten entsprechende Denkmäler, die zu Ehren der Fischer aufgestellt wurden. Auf fast jedem Friedhof steht zudem noch eine Stele mit Namen der ertrunkenen Seeleute des Ortes.

Der erste Sonntag im Juni ist der Tag der Fischer und Seeleute. Am Morgen findet in den Orten eine Kranzniederlegung statt, anschließend wird gefeiert. In Reykjavík liegen dann im alten Hafen Fischerboote und natürlich die Schiffe der Küstenseewache. Es ist ein fröhlicher Familienfeiertag.

Heute ist das Leben der Fischer zumindest sicherer, aber immer noch sehr anstrengend. Entsprechend zählen ihre Löhne im Vergleich zu anderen Arbeitern zu den höchsten.

Außer den Isländern sind natürlich auch viele ausländische Seeleute ertrunken. Vor allem die Küste vor Südisland ist wegen ihrer Strömungen und sehr unterschiedlichen Tiefen berüchtigt. Etliche deutsche Fischkutter sind dort gestrandet – in Vík steht ein Denkmal, das an sie erinnert. Manche Rettungsaktionen waren nicht nur spektakulär, sondern auch erfolgreich.

Am 11. Dezember 1947 strandete der britische Trawler *Dhoon* vor der Steilküste bei Látrabjarg im Nordwesten. Über das eingekeilte Schiff brach die tosende See herein und riss die Kommandobrücke mit sich. Kapitän, Steuermann und ein Matrose ertranken sofort. Die übrigen zwölf Seeleute konnten durch eine dramatische Rettungsaktion über die Steilkante gerettet werden. Mittels Hosenbojen wurden die Männer an den schmalen Strand transportiert. Anschließend zog man sie mit Tauen 80 m die Felsennase Flaugarnef hinauf. Diese Aktion sollte vor Einsetzen der Flut beendet sein, was aber nicht gelang. So musste ein Teil der Gruppe die Nacht am Strand verbringen – durchgefroren, entkräftet und besorgt, dass die Brandung sie wegreißen würde. Von Flaugarnef ging es dann noch einmal 120 m nach oben, bis man auf Látrabjarg in Sicherheit war. Ein drei Tage währendes Drama!

117 Seismologie

Die Erde bebt und alle bleiben ruhig

Irgendwo in Island bebt immer die Erde. Nicht immer mit großen Ausschlägen auf der Richterskala – aber auch kleine Bewegungen, vor allem in der Nähe eines Vulkans, müssen unter Beobachtung sein.

Einer der aktivsten Vulkane des Landes ist Katla, der unter dem Eis des Gletschers Mýrdalsjökull liegt. Seit Jahren rechnet man mit einem Ausbruch, der längst überfällig ist. Die Ausbruchsgeschichte zeigt, dass Katla alle 50 Jahre aktiv wurde, zuletzt 1918. In dem kleinen Ort Vík, direkt zu Füßen des Mýrdalsjökull, befindet sich eine der Erdbebenstationen des Landes. Hier wird jede noch so kleine Reaktion und Bewegung registriert. Fast jeder Ausbruch beginnt mit Erdstößen und -bewegungen. Immerhin gab es 1955, 1999 und 2011 kleinere Gletscherläufe.

Die Erdbebenstationen sind im ganzen Land verteilt, entlang der Riftzone (Vulkane, siehe Seite 260) passiert natürlich am meisten. Eine Besonderheit ist, dass jeder die Messungen, die täglich vorgenommen werden, verfolgen kann. Für die Isländer ist das wichtig, denn regelmäßig kommt es zu größeren Erdbeben. Zum Glück kam es dabei in den letzten Jahrzehnten nur zu Sachschäden oder zum Beispiel zur Reaktivierung des großen Geysirs für einige Zeit. Auf der Reykjanes Halbinsel im Südwesten veränderte sich in Folge eines Erdbebens die Wassertiefe eines Sees.

Wenn Sie ebenfalls wissen möchte, wo gerade Island wieder in Bewegung ist, dann schauen Sie auf: http://en.vedur.is/earthquakes-and-volcanism/earthquakes.

Wer wissen möchte, wie man sich bei einem Erdbeben verhält, der schaut ins isländische Telefonbuch (siehe Seite 238).

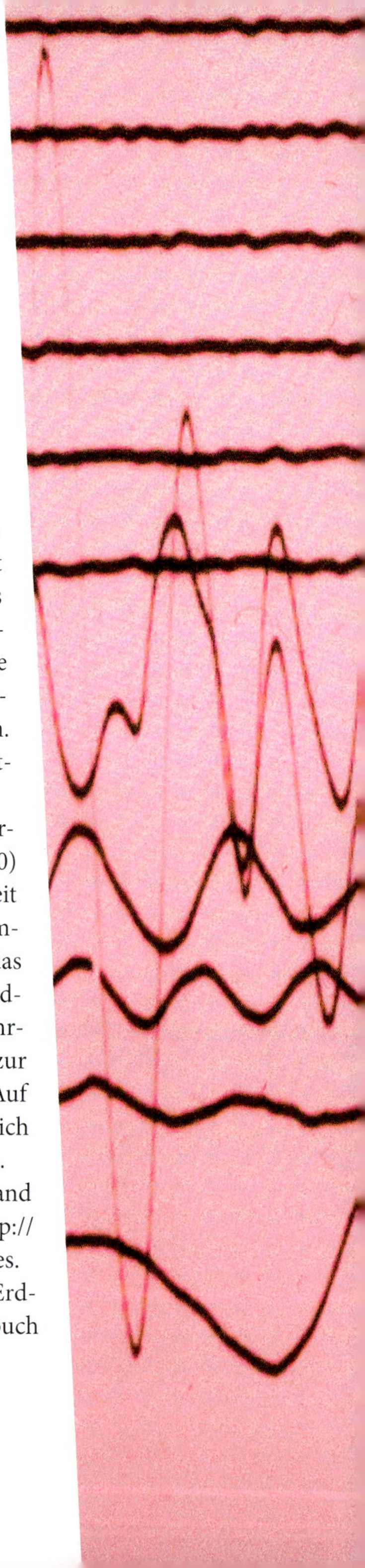

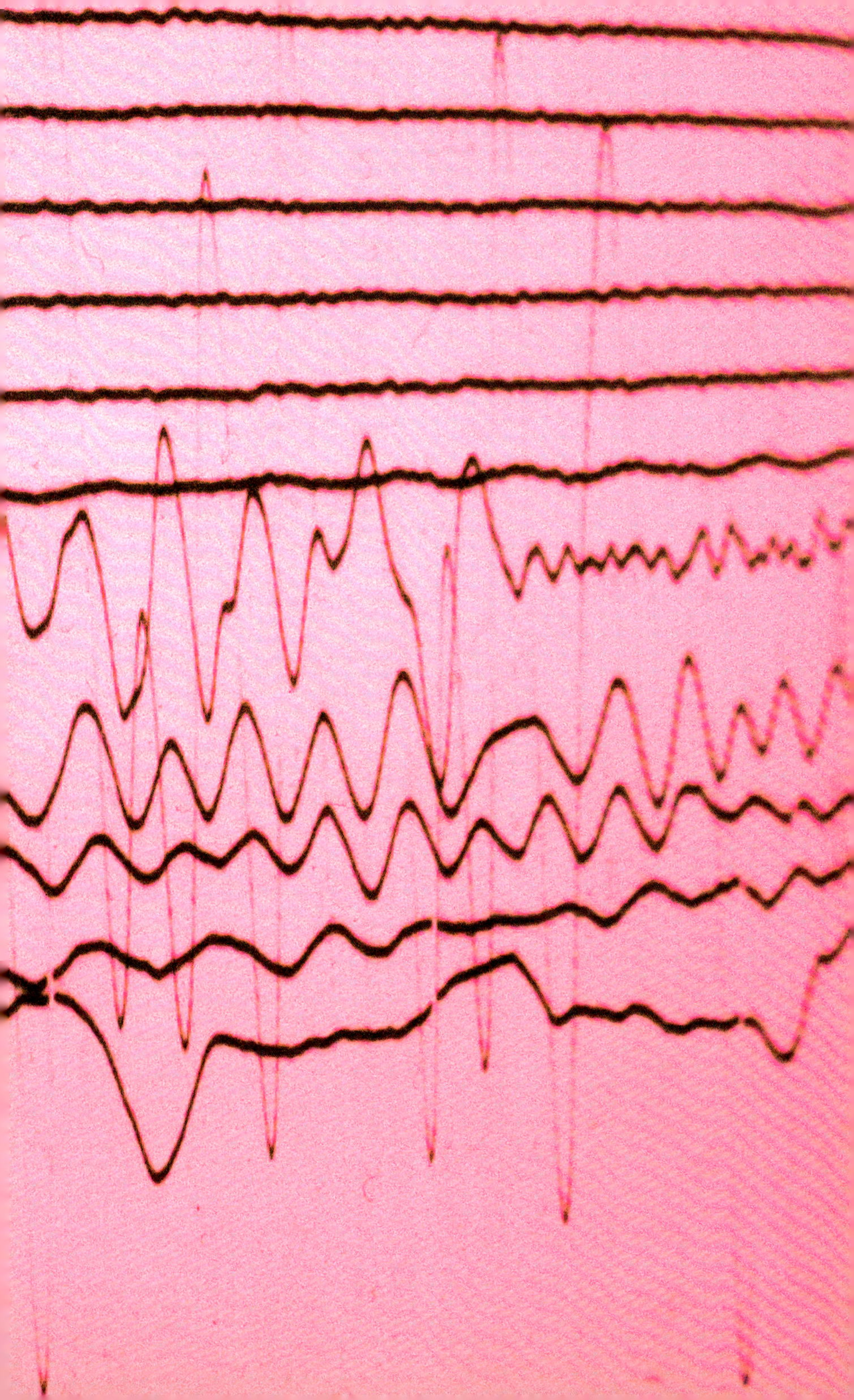

18 Sigur Rós
Und alle hören sie

Verwirrend sphärisch klingt es auf dem ersten Album der Gruppe Sigur Rós, *Ágætis Byrjun* (»Ausgezeichneter Beginn«), mit dem sie 1999 ihren internationalen Erfolg begründeten. Isländische Texte, geschrieben und gesungen von dem Leadsänger Jónsi.

Wer Björk als elfengleich beschreibt, hat mit Jónsis Falsett und seiner E-Gitarre die Elfenstimme und -musik. Gegründet hat er die Band 1994, benannt nach seiner kleinen Schwester, die in dem Jahr geboren wurde. Das erste Album *Von* (1997) wurde nur 500 Mal in Island verkauft. Im Anschluss gab es personelle Aus- und Einstiege. Heute besteht die Band aus Jónsi, Georg, Kjartan und Orri. Regelmäßig treten sie mit dem Frauen-Streich-Quartett Amiina auf.

Die anfängliche Verwirrung hat sich seit dem zweiten Album gelegt, heutzutage ist die Band ständig weltweit unterwegs. Endgültig angekommen in Deutschland sind sie seit 2007, als einige Titel von *Ágætis*

Byrjun in einem *Tatort* gespielt wurden. 2002 erschien ein besonderes Album mit Namen *()*, das erst einige Jahre später *Untitled 1–8* genannt wurde. Hier sang Jónsi in einer eigenen Sprache *vonlenska* – einer Zusammensetzung aus Isländisch und »Hoffnung«. Die 36 Sekunden währende Pause auf dem Album hat manchen Zuhörer glauben lassen, seine CD sei kaputt, dabei ist sie einfach als besonderer Akzent gedacht. Die nachfolgenden Alben waren und sind wieder eingänglicher.

Die Band wechselte mühelos zwischen den Genres und komponierte Musik für die Choreografien des Ballettregisseurs Merce Cunningham und für das Königliche Dänische Ballett. Außerdem schrieben sie zwei Songs für den isländischen Film *Engel des Universums.* 2006 produzierten sie einen eigenen Film von ihren Auftritten in Island, er trägt den Titel *Heima* und kommt ein wenig wie ein romantisch verkitschter Werbefilm über Island daher. Dabei hat es Sigur Rós nicht nötig, die ständig wiederholten Bilder von Wasserfällen, Reykjavík oder anderen Island-Stereotypen zu zeigen – sie machen einfach gute Musik.

110 Skýr
Vom Traditionsessen zum Lifestyle-Snack

Die isländischen Siedler waren Bauern und entsprechend Experten in der Verarbeitung von Milch. Skýr ist ein altes, nahrhaftes Milchprodukt, das Kraft und Stärke des Körpers aufbaut. Blickt man auf die Helden der Sagas, so lässt sich das bestätigen.

Skýr wird aus entrahmter Milch hergestellt, die man zunächst bis zum Siedepunkt erhitzt. Anschließend gießt man sie in ein Gefäß und lässt sie abkühlen. Lab, das von trockenem, ungesäuertem Skýr stammt, vermischt mit Milch oder Rahm und einem Stück vom Kalbsmagen, wird kräftig in die abgekühlte Milch eingerührt, bis es eine Masse ist. Wenn diese Mixtur zu gerinnen beginnt, werden Schnitte gesetzt, damit die Molke eindringen kann. Wenn der Gerinnungsprozess abgeschlossen ist, legt man den Skýr auf ein Regal, damit die restliche Molke abtropfen kann. Im traditionellen Herstellungsprozess wird diese idealerweise aufgefangen, sie ist perfekt geeignet für sauer eingelegtes Fleisch.

Früher wurde Skýr nach Abschluss des Trocknens in Fässern gelagert, die man mit geschmolzenen Talg luftdicht verschloss. In den Fässern wurde er sauer. Skýr war das ideale Gericht, dass man mit Milch und – wenn vorhanden – etwas Zucker aß.

Noch heute kann man trockenen Skýr, eingewickelt in Wachspapier, in Geschäften kaufen, doch verbreiteter ist die Variante mit Früchten, die man direkt verzehren kann. Den trockenen Skýr muss man dagegen mit Milch oder Wasser anrühren. Sein Geschmack erinnert an eine Mischung aus Quark und Joghurt.

Skýr hat sich zu einem Lifestyle-Produkt entwickelt, das zu einem aktiven und sportlichen Zeitgeist passt: ein kleiner, stärkender Snack aus dem Becher. Der Export nach Europa funktioniert aktuell nicht, Arlafoods versucht es daher mit Skýr »nach isländischer Tradition« – man beachte den feinen Unterschied. Entsprechend ist auch das Ergebnis ...

120 Snæfellsjökull

Dem Himmel so nah

Vielleicht ist es der bekannteste Gletscher, zumindest ist es der formschönste, und er ragt am westlichen Rand der Halbinsel Snæfellsnes empor. An manchen Tagen kann man ihn schon vom Flughafen und von Reykjavík aus sehen.

1.446 m erhebt sich der kegelförmige Stratovulkan, dessen Gipfel immerhin auf einer Fläche von 11 km² vergletschert ist. Besonders schön sieht er im Winter und Frühling aus, wenn seine Hänge noch verschneit sind. Wenn man ihn an einem klaren Tag aus der Ferne betrachtet, scheint er nicht mit dem Festland verbunden zu sein, er wirkt geradezu schwebend und magisch. Halldór Laxness hat in seinem Roman *Weltlicht* wohl die treffendste Beschreibung dieses Gletschers formuliert: »Wo der Gletscher aufragt, hört das Land auf, irdisch zu sein, und die Erde hat Anteil am Himmel, dort wohnen keine Sorgen mehr, und deshalb ist die Freude nicht nötig, dort herrscht allein die Schönheit, über jede Forderung erhaben.«

In der Tat wohnt diesem Gletscher etwas Verzauberndes, vielleicht Übersinnliches inne. Bekannt war er schon im 19. Jahrhundert, vor allem durch Jules Vernes Roman *Die Reise zum Mittelpunkt der Erde.* Verne lässt seine Helden, Prof. Lindenbrock und seinen Neffen Axel, in den Krater des Snæfellsjökull einsteigen, von wo aus sie ihre Reise antreten. Die unterirdischen Gänge führen auf die andere Seite, wo sie wieder durch den Krater des Strombolis emporsteigen.

Das Gebiet um den Snæfellsjökull gilt als ein besonderes Energiezentrum, regelmäßig treffen sich hier Menschen, um die Energie des Gletschers zu erspüren und sich von ihr beflügeln zu lassen. Es war und ist eine besondere Pilgerstätte der New Ager. Schon Halldór Laxness hat dieses Treiben der Suchenden in dem Roman *Christenheit unter dem Gletscher* sehr humorvoll beschrieben. Aber egal, wie man dazu steht, der Gletscher inspiriert auch isländische Künstler immer wieder neu.

Snorri Sturluson
Politiker und Dichter

Eine ganze Epoche wird nach seiner Familie benannt, das Zeitalter der Sturlungar. Es war die Zeit der Kämpfe zwischen den mächtigsten Familien des Landes und die Phase, in der der norwegische König versuchte, Island unter seine Krone zu bekommen.

Die Nachkommen der Sturlungar aus Hvammur schafften es in dieser Periode – zwischen 1220 und 1262 – fast die Hälfte des Landes unter ihre Godenschaft zu konzentrieren. Einer der Söhne war Snorri Sturluson, geboren 1179 in Hvammur. Im Alter von drei Jahren kam er als Ziehkind nach Oddi zu Jón Loftsson. Dessen Großvater, Sæmundur der Gelehrte, hatte in Oddi eine Schule gegründet und damit den Grundstein für das wichtigste kulturelle Zentrum der damaligen Zeit gelegt. Hier lernte Snorri sicher auch die Texte von Sæmundur kennen, wie z. B. die Geschichte der norwegischen Könige.

Schon als junger Mann wusste er durch geschickte Heirat seine Macht zu mehren, so 1202, als er durch seine Frau Hérdís Borg in Mýrar erhielt und damit verbunden auch das Godentum. Als er dreißig war, soll er der reichste und mächtigste Mann des Landes gewesen sein, der geschickt noch weitere Godentümer unter sich vereinte. Von 1215–1218 sowie von 1222–1231 war er Gesetzessprecher. In den Jahren dazwischen hielt er sich in Norwegen auf. Aufgrund des guten Kontaktes versuchte der norwegische König Håkon Snorri zu instrumentalisieren, um Island unter seine Krone zu bekommen. Snorri interessierte das weniger, er wurde 1241 schließlich im Auftrag Håkons in Reykholt ermordet.

Snorri Sturluson war nicht nur ein mächtiger Politiker, sondern vor allem einer der wenigen namhaft bekannten Autoren des Mittelalters: Verfasser einer Geschichte der norwegischen Könige *(Heimskringla)*, der *Snorra-Edda*, eines poetologisches Lehrbuchs mit zahlreichen Götter- und Heldenliedern, sowie vermutlich der *Egils saga*.

In Island findet man etliche Bezüge auf ihn, nicht nur in Reykholt, seinem letzten Wohnsitz. Vor der ehemaligen Schule steht ein Denkmal von Gustav Vigeland, das den Gelehrten Snorri zeigen soll. Der Autor Böðvar Guðmundsson bezeichnet die Statue in seiner Geschichte *Snorratorrek* (1988) als »grünes Ungetüm«.

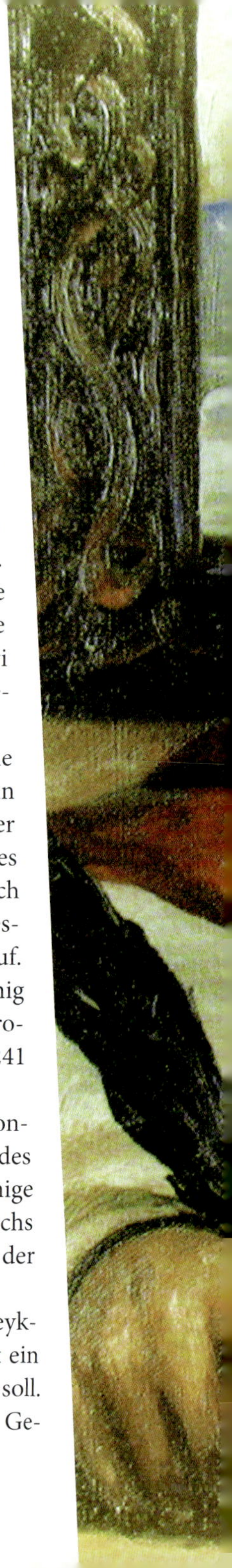

122 Sommerhaus

Hinaus aufs Land

Das Wochenende ist Ausflugs- und Erholungszeit, am liebsten fährt man dann ins eigene Sommerhaus. So stehen an lauschigen Orten in einem Radius von rund 100 km um Reykjavík diese hübschen Häuschen. Doch manchmal überrascht die Bebauungsdichte.

Ein lauschiger Ort nach isländischem Verständnis hat Bäume. So zu sehen am Þingvallavatn, Laugarvatn oder in Húsafell. Da wirkte es vor 20 Jahren mehr als befremdlich, als in einer Sommerhaussiedlung die Behausungen dicht an dicht standen. Aber der Isländer kennt sich durchaus aus mit der Natur und wusste, dass die Bäume bis zum heutigen Tage locker eine abschirmende Größe erreicht haben werden. Natürlich ist die Enge geblieben, aber man sieht nicht mehr so viel vom Nachbarn.

Am Wochenende aus der Stadt herauszufahren, bedeutet für Reykjavíker nicht die Suche nach ruhiger Abgeschiedenheit, sondern verbindet oft Familientreffen, Grillgelage, Alkohol und Gesang. Mancherorts sind richtige Sommerhaussiedlungen entstanden, Parzelle an Parzelle. Wer kein Häuschen hat, hat manchmal die Möglichkeit, über seine Gewerkschaft oder den Arbeitgeber ein solches zu mieten. Bei entsprechender Größe werden auch ganze Betriebsausflüge dorthin gemacht.

Natürlich gibt es auch bei den Sommerhäusern sehr unterschiedliche Modelle, vor allem in den Boomjahren wurden riesige Häuser in bevorzugter Lage – sprich am See Þingvallavatn – gebaut. Als der Crash kam, waren etliche noch im Rohbau. Selbst Jahre später sah man die Leute dort noch in karger Ausstattung wohnen. Aber egal, Hauptsache Sommerhaus.

Anbei: Sommerhäuser sind keine neue Entwicklung, sondern schon seit der Nachkriegszeit beliebt.

123

Sprengisandur

Sand, Schotter und Schrecken

Damals im Mittelalter, als der Bischof von Skálholt in den Nordosten ritt, musste er das Hochland durchqueren. Die ganz Verwegenen ritten auch über den großen Gletscher Vatnajökull, für alle anderen war die Querung der großen Sandfläche, der Sprengisandur, schon Wagnis genug.

Die Sprengisandurstrecke – *Sprengisandsvegur* – beginnt im Süden als Verlängerung des Tales Þjórsárdalur und führt im Norden zum Tal Bárðardalur. Hier ritt nicht nur der Bischof lang, sondern auch die Bewohner aus Ostisland, wenn sie zum Althing wollten. Am sichersten war es als Gruppe, denn es galt, einige Flüsse zu furten. Im 17. Jahrhundert wurden Reisen über Sprengisandur eingestellt und erst wieder gegen Ende des 18. Jahrhunderts aufgenommen. Die genaue Route geriet während dieser Zeit fast in Vergessenheit.

Der südliche Abschnitt kreuzt etliche Flüsse, selbst heute, nach Verlegung und Verbesserung der Piste, braucht man einen Geländewagen. 1933 hat man erstmals die gesamte Strecke mit einem Auto befahren. Der Bau der Kraftwerke im Süden hat dabei maß-

geblich zur Erschließung beigetragen. Der eigentliche Sprengisandur erstreckt sich im Norden zwischen Hofsjökull und Tungnafellsjökull. Grauschwarz und fast vegetationslos ist hier die Landschaft. Lediglich in den Mulden und Tälern schimmert es hin und wieder grün. Eine schier endlose Sand- und Schotterwüste von beeindruckender Monotonie. Eingehüllt in Nebel und Zwielicht erweckt die Landschaft wilde Fantasien zum Leben. Geister, Trolle, Wegelager – wo soll man sich hinwenden? Wo ist der nächste Rastplatz? Schafft man es noch, bis es völlig dunkel wird, einen schützenden und rettenden Ort zu erreichen?

Die Ableitung des Wortes »Sprengi« soll von dem Begriff *»sprengja«* – »sprengen« – kommen, im Sinne von »vorwärts sprengen« mit dem Pferd. Grímur Thomsen hat 1862 das Gedicht *Á Sprengisandi* geschrieben, in dem er die Nöte eines Reiters auf seinem Weg in den Norden schildert. Man spürt beim Lesen die Angst vor der Dunkelheit und der Nähe der bedrohlichen Elfenkönigin.

Statistik
Zahlen sind relativ

Das statistische Institut Islands leistet gute Arbeit und beglückt die Bewohner des Landes regelmäßig mit aktuellen Zahlen zum Fischfang. So richtig interessant sind diese Informationen allerdings nicht, viel amüsanter ist, wie die Isländer Statistiken interpretieren.

In Anbetracht der relativ geringen Einwohnerzahl hat natürlich jeder Opernsänger im Ausland oder jede Schönheitskönigin eine ganz andere Bedeutung. Nehmen wir den einzigen Nobelpreisträger des Landes, Halldór Laxness, 1955 ausgezeichnet mit dem Nobelpreis für Literatur. Wenn man diese Auszeichnung in Relation zu allen Isländern setzt, kommt man zu einer Nobelpreisquote von 1 : 330.000. Das hieße für ein Land wie Deutschland mit rund 81 Millionen Einwohnern, dass dort etwa 245 Literaturnobelpreisträger leben müssten. Nicht machbar, so lange wird der Preis ja noch gar nicht vergeben. Was ich bisher aber nie gehört habe, ist ein Vergleich mit den Färöern, die haben nämlich auch einen Nobelpreisträger, Nils Ryberg Finsen. Bei knapp 50.000 Einwohnern würde dieser Vergleich die Isländer auch blass aussehen lassen. Aber immerhin, Finsen ging etliche Jahre in Reykjavík aufs Gymnasium.

Ähnliche Zahlenspiele machen die Isländer gern mit Opernsängern, die ein Engagement an der Mailänder Scala haben, mit Schönheitsköniginnen und vielem mehr. Im Zusammenhang mit den Aufdeckungen der »Panama-Papiere« schnellten die Zahlen erneut in die Höhe, 600 Isländer tauchten auf den Listen auf, ein rasantes Ergebnis, wie der Autor Hallgrímur Helgason feststellt: »Schweden ist mit seinen 9,5 Millionen Einwohnern nur 200 Mal vertreten. Einmal mehr sind wir die Champions in Korruption und Schwindel, die unmoralischen Deppen vom Atlantik.«

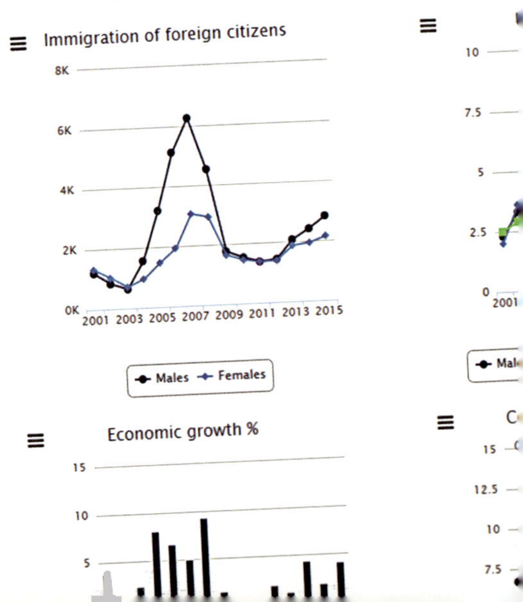

Stress
Eine Insel unter Druck

Eines der Lieblingswörter der Isländer ist »Stress«, zumindest war dies mein Eindruck, als ich dort lebte. Es gab kaum eine bessere Gesprächseröffnung, als deutlich zu machen, wie wenig Zeit man habe und dass man dieses Gespräch eigentlich gar nicht führen könne.

Wer in Island nicht viel arbeitet, der hat verloren, vor allem an Ansehen. Aus diesem Grund war die Zeit nach der Finanzkrise 2008 und der daraus resultierenden Arbeitslosigkeit für etliche Isländer ein großes Problem. Arbeitslosigkeit war in Island seit Jahren unbekannt. In den 1990er-Jahren war es üblich, dass man mehrere Jobs hatte, nicht zuletzt, weil die Einkommen z. B. der Lehrer und Büroangestellten relativ niedrig waren. Damals war es einfach notwendig. Die durchschnittliche Wochenarbeitszeit lag bei 50 Stunden. Allein, bei genauem Blick auf die Effizienz gaben selbst die Isländer zu, dass es damit nicht so weit her war, ausgiebige Kaffee- und Mittagspausen gehörten dazu.

Im Verlauf der Jahre haben sich die Löhne und Gehälter verbessert, aber der vermeintliche Stress ist geblieben. Niemand kann zugeben, dass er wenig arbeitet: Termine, Erreichbarkeit durch das Mobiltelefon und eine permanente Betonung der eigenen Unabkömmlichkeit im Beruf. Als ich in Island arbeitete, hatte ich einen durchaus gefüllten Terminkalender, aber niemals hatte ich das Gefühl von Stress, den hatten nur die Einheimischen. Wenn ich heute Bekannte im Land besuche, gehört es immer noch dazu, dass sie mir erzählen, was sie alles machen und – natürlich – wie wenig Zeit sie haben. Ich halte dann einfach dagegen, oder anders gesagt: Ich passe mich der Landessitte an.

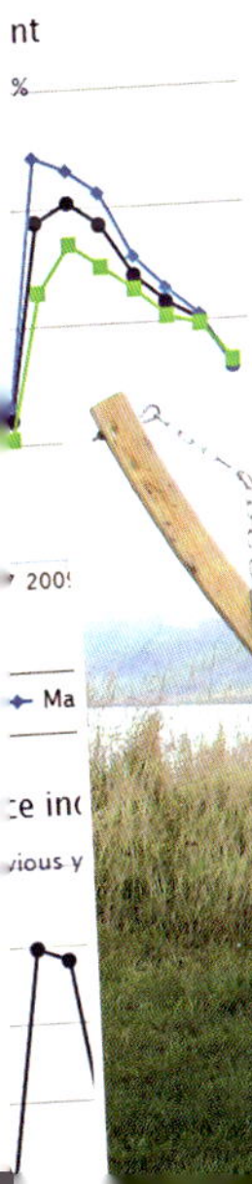

Superjeeps
Power auf 44 Zoll

Hoch aufgebaute Jeeps, ideal bei Schnee und auf unwegsamen Pisten: Das sind die bevorzugten Vehikel, mit dem Isländer gern herumfahren. Für viele Touristen stellt die Fahrt auf einen Gletscher mit einem Superjeep das ultimative Erlebnis dar.

Die Winter in Island können sehr lang und schneereich sein, kleinere Siedlungen oder entlegenere Höfe sind nicht selten tagelang von der Außenwelt abgeschlossen. Wer hier durchkommen will, braucht schon ein kraftvolles Gefährt. Reichte in den früheren Jahrhunderten eine Pferdestärke, so bevorzugt der moderne Isländer heute 200. Auch für die Schotter- und Lavapisten mit zahlreichen Flussdurchquerungen braucht es schon einen Geländewagen.

Die ersten Jeeps kamen mit den Engländern und Amerikanern während des Zweiten Weltkriegs ins Land. Sofort versuchten findige Bastler, die Wagen den Landesverhältnissen anzupassen. Zuerst verwendete man Traktorreifen, um die Auflage im Schnee zu vergrößern. Später begann man, den Luftdruck zu reduzieren, was sich jedoch negativ auf die Haltbarkeit der noch mit Schläuchen gefüllten Reifen auswirkte. Seit 1990 gibt es Unternehmen, die die Geländewagen entsprechend umrüsten. Die Karosserie wird angehoben, die Kotflügel werden verbreitert, ein wirkungsvolleres Getriebe wird eingebaut und Reifen bis zu 44 Zoll werden montiert. Diese Spezialreifen können mit einem Luftdruck von nur 0,1 bar gefahren werden. Wie auf Gummifüßen schiebt sich der Geländewagen dann über den Schnee und auf die Gletscher hoch.

Rund 150 dieser Superjeeps sind heute bei den isländischen Rettungsdiensten und der Feuerwehr im Einsatz. Sie ermöglichen, dass Eingeschneite oder Verunglückte direkt und schnell erreicht werden können. Auch die Nachfrage von Privatleuten und Tourenanbieter ist groß, deshalb sieht man diese Ungetüme recht häufig. Während im Sommer das Fahren abseits der Spuren und Pisten im Hochland bestraft wird, darf man im Winter, wenn alles unter einer dicken Schneedecke liegt, fahren, wo man will – vorausgesetzt man kann es.

JA U15

Surtsey

Neues Land braucht das Land

Die jüngste Insel Islands, die die 200-Meilen-Zone noch einmal deutlich in den Süden verlegt hat, zählt seit Juli 2008 zum UNESCO-Welterbe. Ein submariner Vulkanausbruch baute Surtsey innerhalb von vier Jahren auf. Seitdem ist sie ein Paradies für Wissenschaftler.

Alles begann mit dem Geruch von Schwefelwasserstoff am 14. November 1963, den die Besatzung des Fischkutters *Ísleifur II* bemerkte. Wenig später war auch schon eine Rauchwolke erkennbar, Asche, die von einem Vulkanausbruch am Meeresboden stammte. Bis zum 5. Juni 1967 sollte der Ausbruch dauern und die Insel Surtsey erschaffen. Der Name geht zurück auf den Feuerriesen Sutur, sehr passend hinsichtlich der schwarzen Aschewolken.

Seit 1967 haben Brandung und Wettereinflüsse das Aussehen der Insel permanent verändert. Die Fläche von ursprünglich 2,5 km² hat sich seitdem um rund 20 % verringert. Geologen gehen zwar nicht

davon aus, dass die Insel wieder verschwindet, doch wird am Ende nicht mehr von ihr bestehen bleiben als bei den anderen kleinen Inseln um Heimaey herum: eine steile Palagonitklippe.

Seit ihrer Entstehung befindet sich Surtsey unter Naturschutz, mit großem Interesse verfolgen Biologen die Ansiedlung von Pflanzen. 15 höhere Pflanzenarten haben Wurzeln geschlagen und ein Dutzend Moose und Flechten sowie rund 100 Algen sind dort heimisch geworden. Das zarte bis kräftige Grün lässt sich auch aus der Distanz gut erkennen. Außerdem nisten elf Vogelarten auf der Insel, insgesamt 91 unterschiedliche Arten haben die Insel besucht. Einmal im Jahr dürfen Wissenschaftler, Studenten und auch Hobby-Ornithologen auf die Insel, die ansonsten nur von der See oder aus der Luft zu betrachten ist.

Das Welterbekomitee der UNESCO würdigte die Insel als herausragendes Beispiel für fortlaufende biologische und ökologische Prozesse in der Evolution von Ökosystemen.

Telefonbuch
Hilfe für alle Lebenslagen

Wie an anderer Stelle erwähnt, sind Personen im isländischen Telefonbuch nach Vornamen sortiert. Allerdings besteht das Telefonbuch nicht nur aus einer reinen Auflistung der Anschlüsse, sondern bietet noch viele weitere Informationen.

Bevor man zu den Gelben Seiten gelangt, gibt es erst einmal Telefonnummern für diverse Notfälle: von den Anonymen Alkoholikern über Hilfe bei Naturkatastrophen, Vergewaltigung, Vergiftung, Wetter zu Beratungsangeboten für jugendliche Drogenabhängige. Weitere Hinweise betreffen das richtige Verhalten im Falle eines Erdbebens, Vulkanausbruchs, einer Lawine oder bei heftigen Stürmen. Diese Informationen stehen auch auf Englisch und Polnisch im Telefonbuch.

Fröhliche Informationen liefert z. B. eine Liste mit den örtlichen Festivals. So weiß man sofort, wohin man reisen muss, um etwas zu erleben. Damit man auch wirklich ankommt, gibt es zu den Orten dann noch Stadtpläne. Die Hauptstadt wird über mehrere Seiten präsentiert – wenn das Telefonbuch nicht so dick wäre, hätte man direkt preiswerte Reisekarten.

Interessant ist darüber hinaus, dass viele Namen mit Berufsangaben versehen sind, außerdem stehen auch Mobiltelefonnummern dabei und manchmal sogar die E-Mail-Adressen. Nicht, dass das allzu ungewöhnlich ist, das gibt es auch in deutschen Telefonbüchern. Doch wer würde bei uns schon als Beruf *»pabbi«* (Papa) hineinschreiben?

In Zukunft gibt es dieses hervorragende Nachschlagewerk nur noch in digitaler Form unter www.ja.is.

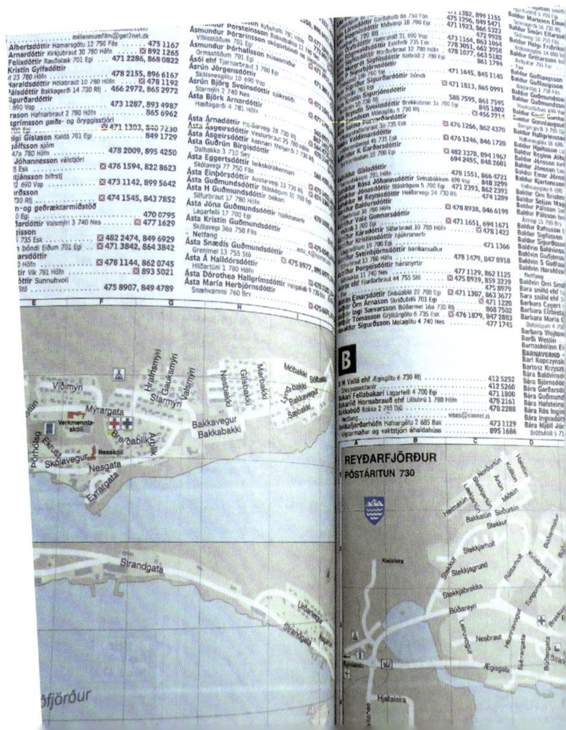

Þingvellir
Islands Nationalstätte

Fragt man ältere Isländer nach dem wichtigsten Ort in ihrem Land, so werden die meisten »Þingvellir« sagen. Hier steht die Wiege des isländischen Freistaates im Mittelalter und der Republik der Neuzeit. Doch auch die Geologen haben an diesem Ort ihre Freude.

Alle ehrenwerten und geschätzten Besucher des Landes wie Könige und Königinnen, Präsidenten und Bischöfe haben diesen Ort besucht. Vielleicht hat nicht jeder die historische Aura, die für Isländer so wichtig ist, gespürt, den fantastischen Blick über die Ebene und den See hat wohl jeder genossen. Bei einem Gang durch die Almannagjá (Die Schlucht aller Leute/Männer) beeindrucken die hohen Basaltwände, und wenn man dann noch die Reste ehemaliger Thingbuden sieht, fühlt man sich schnell in die damalige Zeit zurückversetzt.

Þingvellir ist ein Gesamtwerk. Die natürliche Anlage wurde im Mittelalter durch die Umleitung des Flusses Öxará erweitert, der jetzt in einem schönen Wasserfall in die Schlucht stürzt. Entlang des Weges durch die Almannagjá kommt man an einigen Hinrichtungsplätzen vorbei, deren Schilder die jeweilige Hinrichtungsart beschreiben. Neben diesen schaurigen Informationen gehören auch eine Kirche und ein kleiner Friedhof zu der Anlage. Gedacht war er für die Großen des Landes, aber bislang liegen hier nur die zwei Dichter Jónas Hallgrímsson und Einar Benediktsson. Bei Jónas Hallgrímsson ist sogar noch umstritten, ob es wirklich seine Gebeine sind.

Für Geologen ist Þingvellir einer der Orte, an denen man das Auseinandertreiben der Erdplatten untersuchen kann. Für sie ist der Graben mit seinen Schluchten die Fortsetzung des mittelatlantischen Rückens.

Torfhaus
Das isländische Bauernhaus

Ursprünglich bestand das isländische Haus aus Torf bzw. Grassoden und ging auf das Langhaus der alten Siedler zurück. In einigen Freilichtmuseen kann man diese Bauten besichtigen. Doch für viele war der Wohnkomfort mit Sicherheit ärmlicher.

Das ursprüngliche Langhaus bestand nur aus einem großen Raum, erst nach und nach kamen weitere dazu. Besichtigen kann man die Ruine des mittelalterlichen Langhauses Stöng, nördlich von Hekla am Hochland gelegen. Unweit davon steht der Nachbau dieses Hofes, Þjóðveldisbærinn, der einen guten Eindruck vermittelt, wie man im 11. Jahrhundert lebte. Die meisten noch erhaltenen Torfhäuser stammen allerdings aus dem 18. und 19. Jahrhundert und stehen unter dem Protektorat des Nationalmuseums.

Grassoden und lose Feldsteine waren das einzige Baumaterial. Holz musste importiert werden und war daher sehr teuer. Ziegel konnten nicht gebrannt werden, die Bodenzusammensetzung brachte kein geeignetes Material hervor. Um Steine aus Felsen zu schlagen und weiterzubearbeiten, fehlten den Isländern die Kenntnisse, entsprechend hätte man Arbeiter aus dem Ausland holen müssen. Diese teure Bauweise war in den früheren Jahrhunderten damit nur den reichen Isländern bzw. Dänen vorbehalten.

Mit den Jahrhunderten entwickelte sich aus dem Langhaus ein Ganghaus, das aus einem in der Mitte befindlichen Gang bestand, von dem die Räume abgingen. Solche großen Höfe, typisch mit mehreren Giebeln, wurden von den Bauern selbst, dem Personal und dem Vieh bewohnt. Dazu gehörten auch die Werkstätten. So hübsch diese alten Häuser als Museum hergerichtet sind, mit 20 Leute darin zu wohnen, war nicht nur gemütlich. Die Höfe der Kleinbauern waren wesentlich ärmlicher und bestanden meist nur aus drei Räumen, und der Boden war lediglich festgestampft. Wenn vorhanden, wurden die Wände innen mit Holz stabilisiert. Die Luft war stickig, die Fenster winzig und meist war es feucht. Diese Kleinhäuser findet man kaum noch, da sie schlicht die Zeit nicht überdauert haben. Erhalten blieben gepflegte Gebäudekomplexe aus dem späten 18. und dem 19. Jahrhundert.

Die Isländer sind trotz allem stolz auf diese Baukunst, die im Grunde nur eines dokumentiert: Island war ein sehr armes Bauernland.

131 Tourismus

Die Geister, die ich rief

»Nein, wir wollen keinen Massentourismus! Wir wollen kein zweites Mallorca werden! Niemals!« Fromme Wünsche, denn die Realität sieht heute anders aus. Es gibt Orte, da wünscht man sich im Sommer, man wäre auf Mallorca und nicht in Island.

Der Tourismus hat sich seit 2013 zum wichtigsten Wirtschaftszweig im Land entwickelt, der mehr Divisen als der Verkauf von Fischereiprodukten oder Aluminium einbringt. Es ist der Sektor mit jährlich steigendem Arbeitsplatzbedarf. Stetig wachsen die Besucherzahlen, die 2015 erstmals die 1-Million-Marke geknackt haben. Und das sind nur diejenigen, die auch im Land übernachten, hinzu kommen noch die Tagestouristen der Kreuzschiffe. Und die fallen wie eine Welle ein: Ein Schiff und 1.500 Gäste stürzen sich auf Busse in Richtung »Goldener Kreis« und »Blaue Lagune«. Entsprechend treten sich die Besucher fast auf die Füße, um einen Blick auf den Geysir Strokkur zu erhaschen. Zum Glück spritz das Wasser alle 10 Minuten in die Höhe.

Fast alle sogenannten In-Orte, Highlights oder Top-10-Ziele sind im Sommer überlaufen. Die Folge sind überhöhte Preise und Verärgerungen auf beiden Seiten. Die Touristen kommen mit der Erwartung der Einsamkeit und des Naturerlebens, die Isländer fluchen, weil die Touristen alles plattrennen.

2015 ging eine aufgeregte Diskussion durch die isländischen Medien, dass die Touristen das Land verunreinigten und überall hinkoteten und urinierten, ja selbst vor Parks in der Hauptstadt machten sie keinen Halt.

Sicherlich verhalten sich etliche Touristen nicht optimal und mehr als rücksichtslos, aber ehrlicherweise muss man auch sehen, dass die Situation, gerade im Hinblick auf Sanitäreinrichtungen, an manchen touristischen Zielen, z. B. Jökuls á Lón, ein riesiges Ärgernis ist – dort herrschen noch Verhältnisse der frühen 1990er-Jahre. Nostalgie schön und gut, aber drei Toiletten für täglich 2.000 Touristenfrauen, das kann nicht funktionieren. Aber vielleicht wirbt Island ja bald mit einem neuen Tourismusansatz: Anstehen und Warten als Meditation.

Die aktuelle Situation mit den Tourismusmassen ist am Ende hausgemacht. Seit Jahren sollen alle nach Island kommen, am liebsten ganzjährig. Im Ergebnis reisen die meisten nach Reykjavík und in die Umgebung, für entlegene Regionen bringt der Tourismus damit wirtschaftlich wenig bis nichts. In Reykjavík dagegen gibt es kaum noch eine Off-Season, der absolute Rummelplatz ist die »Blaue Lagune«. Hier fahren ja sogar die Besucher hin, die nur für einen mehrstündigen Aufenthalt am Flughafen Keflavík sind. Meist gleicht das Bad einem Stehplatz mit Bier in warmem Wasser – und dafür bezahlt man dann 50 €.

Blöd ist der Isländer nicht: Es gibt wohl weltweit keine bessere Abwassernutzung, die auch noch als gesundheitsfördernd verkauft wird. Genial!

132 Traditionsgerichte

Dann greifen Sie mal zu!

Fisch und Lamm, das waren die wichtigsten Zutaten für Jahrhunderte. Die Arten der Konservierung waren entsprechend angepasst: trocknen, räuchern oder sauer einlegen. Auch wenn die alten Gerichte nicht mehr wöchentlich auf dem Speiseplan stehen, so kommen sie zumindest einmal im Jahr auf den Tisch.

Die traditionelle Küche ist die der armen Bauern. Rindfleisch aßen meist nur die Reichen, die auch Salz hatten und mehrere Kühe. Arme Bauern besaßen Schafe, konnten fischen und bauten Kartoffeln an. Wenn man Lammfleisch aufbewahren wollte, so wurde es oft geräuchert, *hangikjöt*. Noch heute ein beliebtes Gericht, z. B. in Kantinen. Zu geräuchertem Lamm werden Gemüse – früher Erbsen aus der Dose – und oft karamellisierte Kartoffeln gereicht. Kalt wird es auch als Aufschnitt gegessen.

Gekochter Schafskopf, *svið*, gibt es heute nur an Þorrablót. Dieses Brauchtumsfest wird am Ende des Winters (Mitte bis Ende Februar) begangen, und es werden die in traditioneller Form konservierten Lebensmittel gegessen. Die gesäuberten Lammköpfe werden in Salzwasser gekocht und warm mit Kartoffel- oder Steckrübenpüree serviert. Kalt isst man sie als Vorspeise oder nimmt sie mit als Reiseproviant. Auch *saltkjöt* (gepökeltes Lamm) isst man in beiden Varianten.

Früher galt: Wohl dem, der eine Kuh hat, denn der konnte Fleisch in Molke sauer einlegen und außerdem Butter und *skýr* herstellen. Speisen milchsauer einzulegen, *ýmis súrmatur*, ist auch heute noch weit verbreitet. Leberwurst und gekochte Widderhoden werden 3–4 Monate in Molke eingelegt.

Traditionelle Wurstarten sind *bjúgu* (geräucherte Lammfleischwurst), ein praktischer und billiger Reiseproviant, sowie *slátur* (Schafwürste), zu denen *blóðmór* (Lammblutwurst) und *lifrarpylsa* (Leberwurst aus Lammleber) zählen. Sie werden während der Schlachtzeit im September und Oktober hergestellt. Schafwürste werden 3 Stunden gekocht und mit Kartoffel- oder Steckrübenpüree gegessen.

Fisch gibt es in Island fast täglich, und hier sind einige traditionelle Gerichte immer noch sehr beliebt. *Harðfiskur* (Trockenfisch) wird nach einer alten Konservierungsmethode getrocknet und kann über Jahre aufbewahrt werden. Man isst ihn pur oder mit etwas Butter, entweder als Nachtisch oder als kleine Zwischendurch-Mahlzeit. Ein beliebtes, altes Fischgericht ist *plokkfiskur,* ein Eintopf aus zerstampften Kartoffeln, Fisch und Zwiebeln.

133 Treibholz
Baumaterial aus dem Meer

Island ist reich an Holz, zumindest in einigen Regionen entlang der Strände: Zahllose Stämme oder Stammteile liegen dort, nachdem sie mit den Strömungen aus Sibirien hergetrieben wurden. Es ist wunderbar präpariertes Holz, ideal zu verarbeiten.

Für ein so baumarmes Land stellte das Treibholz in den früheren Jahrhunderten einen großen Wert da. Glücklich war der Bauer, dessen Land bis an einen Strand reichte. So war z. B. Langanes im Nordosten eine äußerst begehrte Pfarrei, weil hier seit jeher große Holzmengen angespült werden. Noch heute werden die Stämme gesammelt und geschichtet, damit man sie für Zaunpfosten nutzen kann. Allerdings darf nicht jedermann das Treibholz einfach einsammeln und mitnehmen, dafür bedarf es schon der Erlaubnis des Landbesitzers. Zumindest für größere Mengen.

Der Anteil des importierten Holzes ist natürlich hoch, doch das salzwassergetränkte Treiholz ist besonders widerstandsfähig und wird deshalb gern für Zäune verwendet. Eine weitere sehr beliebte Verwendung finden die Stämme in der Gartengestaltung. Einige Designer und Künstler verwenden das Material für ihre Arbeiten. Praktisch ist, dass man sich keine Sorgen machen muss, dass sich Holzwürmer darin einnisten.

Trolle
Steinerne Gestalten

Wenn man genau hinschaut, so stehen recht viele Trolle im Hochland und an diversen Flüssen. Häufig heißen diese Felsgebilde »Karl« und »Kerling«, was »alter Mann« und »alte Frau« bedeutet. Wenn man genauer hinschaut, sieht man auch die Gestalten.

Islands geheimnisvolles Hochland ist erfüllt von Geschichten aller Art, vor allem auch denen von Trollen. Einige Trolle sind gierig und rauben z. B. die Schafe der Menschen, andere sind einfach etwas tollpatschig und groß, quasi Riesen. Karl und Kerling stehen z. B. in Nordisland am Fluss Jökulsá á Fjöllum. Auf der gegenüberliegenden Seite befindet sich eine große Höhle, die Tröllahellir, die Riesenhöhle. Vermutlich wollten die beiden Trolle schnell in die Höhle, aber die Sonne hat sie dann doch eingeholt und versteinert. Das ist die Tragik der Trolle, sie vertragen kein Licht.

In manchen Gebieten im Hochland stehen zahllose Steinformationen unterschiedlicher Größe, denn auch die Trollkinder schaffen es natürlich nicht immer rechtzeitig in die heimischen Höhlen. Da stehen sie nun und sehen aus wie winkende Wesen.

Die Isländer lieben Geschichten, die von ihrer fantastischen Landschaft handeln. Wer prosaischer ist, genießt einfach die Formenvielfalt der Gesteine und Felsen.

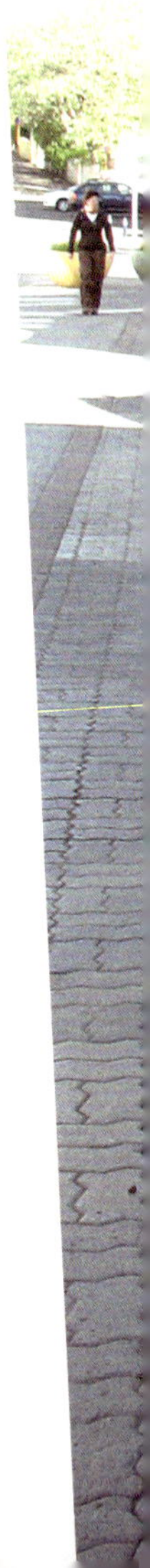

135 Unabhängigkeit

Freiheit vor allem anderen

Wenn man Isländer fragt, was das Wichtigste für sie sei, dann hat die Unabhängigkeit einen sehr hohen Stellenwert. Diese drückt sich in vielen Bereichen aus, in der Literatur schon in den Sagas.

Lange galt als romantischer Grund für die Besiedlung Islands, dass die freien, norwegischen Bauern sich nicht dem König unterordnen wollten. In dem Landnahmebuch *Landnámabók* heißt es, dass viele Siedler norwegische Adlige gewesen seien, die vor den Gesetzen des Königs Harald I. Schönhaar flohen. Das war damals schon ein Mythos, der sich bis heute gehalten hat.

Die Freiheit war immer das höchste Gut, selbst wenn es den Menschen in späteren Zeiten wenig nutzte. Halldór Laxness hat das in seinem Roman *Sein eigener Herr* an seinem Helden Bjartur deutlich gezeigt. Lieber ließ der starrköpfige Bauer seine Familie verhungern, als seine Wahnidee von der Autarkie aufzugeben.

Die Angst, von anderen vereinnahmt zu werden, wohnt den Isländern tief inne. Niemals wieder wollen sie von anderen abhängig sein, weder als Nation noch im Privaten. Sicher ist auch das mit ein Grund, weshalb sie mehrheitlich gegen die EU sind. Kurz nach der Finanzkrise fühlten sie sich von ihren Politikern nicht nur im Stich gelassen, sondern auch verkauft. Mit Verve demonstrierten sie deshalb gegen den IWF-Kredit, der dem Land eigentlich helfen sollte. Viele sahen darin aber einen Ausverkauf. Privat zeigt sich der Drang zur Unabhängigkeit z. B. in dem Bestreben, Wohneigentum zu besitzen, egal wie hoch man sich dafür verschulden muss. Mietwohnungen sind daher rar und vor allem auch sehr teuer.

Wer sich als Ausländer zu Kritik an isländischen Gepflogenheiten hinreißen lassen sollte, muss mit heftigen Reaktionen rechnen. Kein Nicht-Isländer hat das Recht, sich zu irgendetwas zu äußern. Teilweise führt es zu geradezu kindlich anmutendem Trotz.

IMF
MENNTUN
HEILBRIGÐI
AUÐLINDIR
SJÁLFSTÆÐI

Verkehr
Island bewegt sich auf vier Rädern

Das wohl beliebteste Transportmittel in Island ist das Auto. Entsprechend trifft man auch hier auf Rush Hours und zähfließenden Verkehr. Ein Ausweichen auf den öffentlichen Nahverkehr bringt nichts, denn der bewegt sich als Bus auch auf den Straßen.

217.454 Pkw besaßen die Isländer Ende 2014, eine hohe Zahl bei gerade 330.000 Einwohnern. Besonders, wenn man berücksichtigt, dass die isländische Gesellschaft durchaus kinderreich ist. Isländer lieben Autos, sie benutzten sie früher für jede noch so kurze Strecke. Heute sieht man auch häufiger Radfahrer und Fußgänger, in dieser Hinsicht scheint also ein Wandel stattzufinden. Doch noch immer fährt man nicht so gern mit dem Bus, dem öffentlichen Verkehrsmittel. Tief im Bewusstsein gilt, wer damit fährt, ist ein Loser.

Die Hauptstraßen – wenigstens vierspurig – sind in Reykjavík zu Stoßzeiten übervoll, immerhin schleicht der Verkehr bisher noch. Untersuchungen in früheren Jahren ergaben, dass die Umweltverschmutzung durch den Verkehr in der Stadt bedenklich ist und nur durch den häufigen Wind nicht so stark auffällt. Hinzu kommt auch in Island die große Zahl der Lkw, denn vieles wird über Land transportiert und nicht etwa in die kleinen Häfen gebracht.

Ein Schienennetz gibt es im Land nicht, die ausgestellte Lokomotive am Hafen der Hauptstadt wurde in der Zeit des Hafenausbaus benutzt. Überlegungen, eine Zugverbindung zu schaffen, wurden schnell wieder zu den Akten gelegt, denn dafür bewegt sich die Erde in und um Reykjavík zu stark und häufig.

Die Isländer lieben also ihre Autos – und auch die Geschwindigkeit. Geschwindigkeitsbegrenzungen haben auf einigen Strecken nur symbolischen Charakter, leider kommt es immer wieder zu Unfällen, 2014 waren es 6.000, bei denen 1.172 Personen verletzt oder gar getötet wurden. Ein makabres Monument, bestehend aus zwei demolierten Pkw, trägt die jeweilige Verkehrstotenzahl des Jahres. Es steht an der Ringstraße von Reykjavík in Richtung Süden.

Im Gegensatz zur Pkw-Liebe im Alltag steht die Leidenschaft der Isländer für das Wandern – aber dazu an anderer Stelle mehr.

BP
BP

137

Verlassene Höfe

Aus und vorbei

Sie stehen als Mahnmal, eine bauliche Erinnerung oder einfach, weil man sie verlassen hat. Bauernhöfe, deren Gebäude langsam verfallen und ein Spielzeug des Wetters werden.

Rund 2.600 Bauernhöfe gibt es im Land und etliche haben gleich mehrere Gebäude. Eines bewohnt, das andere verlassen oder nie bezogen. Doch vor allem die verlassenen Gebäude fallen auf, die meisten stehen in Ostisland und im Nordwesten. Sie sind Zeugnis der Landflucht aus diesen besonders entlegenen Gebieten.

In der weiten Landschaft wirken die fensterlosen Gebäude noch einsamer, es überrascht nicht, wenn sie als Filmkulissen genutzt werden. Sie wirken angenagt von Wind und Wetter, die Farbe entschwindet und zurück bleibt der graue Beton. Manche werden auch ganz langsam Teil der Umgebung, Gräser wachsen aus den Ritzen und Fenstern, Moose kriechen die Wände empor.

Doch es gibt eine Gegenbewegung, die nicht verfallenen Häuser werden immer häufiger als Sommerhäuser hergerichtet. Zurück aufs Land! Zumindest für kurze Zeit.

Vínland
Isländische Siedlungsversuche

Natürlich sind die Isländer auf ihre Geschichte stolz, vor allem, wenn es um Entdeckungen geht. Allein die schriftliche Basis besteht aus mittelalterlichen Sagas. Bis heute versucht man den genauen Ort des legendären Vínlands zu bestimmen. Die beiden Sagas *Eiríks saga rauða* und *Grænlendinga saga* sind leider Fiktion.

Archäologische Untersuchungen in den 1960er-Jahren ergaben, dass es in L'Anse aux Meadows auf Neufundland eine Wikingersiedlung gab. Sie stammt aus der Zeit um 1000 und ist bis heute der einzige gesicherte Beleg dafür, dass Europäer im Mittelalter den amerikanischen Kontinent betreten haben. Die norwegischen Archäologen Anne-Stine und Helge Instad waren die Entdecker, sie glaubten, es sei Vínland. Die Bezeichnung »Vínland« bedeutet so viel wie »Weinland«, was auf ein fruchtbares Gebiet verweist. Anbei, auch der isländische Archäologe und ehemalige Präsident Kristján Eldjárn (1916–1982) nahm an den Ausgrabungen teil.

Trotz der unsicheren Verortung gilt heute als ziemlich gesichert, dass die Grönländer regelmäßig an diese kanadischen Küsten fuhren. Vermutlich versuchten sie sogar zu siedeln. Immerhin fand man mehrere Langhäuser und auch eine Schmiede, was auf Schiffsbau hindeutet.

Laut der Sagas scheiterte eine dauerhafte Besiedlung. Leifur (siehe Seite 156), der als Entdecker der kanadischen Küsten gilt, lebte dort nicht, wohl aber seine Schwägerin Guðríður Þorbjarnardóttir mit ihrem zweiten Mann Þorfinnur karlsefni. Aufgrund der Auseinandersetzungen mit den Skrælings, wie sie die ansässigen Ureinwohner nannten, zogen sie sich nach zwei Jahren wieder zurück. Die Begegnungen mit den Bewohnern – vermutlich Indianer – sollen nicht immer friedlich abgelaufen sein.

1978 wurde die Siedlung in L'Anse aux Meadows zum UNESCO-Weltkulturerbe erklärt. 2000 haben sich zur Millenniumsfeier Isländer mit dem Wikingerschiff *Íslendingur* zur Wiederholung der Fahrt gen Westen aufgemacht.

Das Wikingerschiff *Íslendingur* im Museum

Volksabstimmung
Die Isländer wollen teilnehmen

Die direkte Demokratie ist den Isländern sehr wichtig, deshalb legen sie Wert darauf, unmittelbar gehört zu werden. Besonders seit der Krise 2008 wollen die Isländer mitbestimmen.

Die klassische Volksabstimmung ist ein beliebtes Mittel, deshalb sorgte die eigenmächtige Entscheidung des damaligen Premierministers 2015, die Beitrittsverhandlung mit der EU einfach abzubrechen, für großen Unmut, der sich in Demonstrationen äußerte. Auch wenn die Isländer in der Mehrheit selbst nicht anders entschieden hätten, so erwarteten sie, dass vereinbarte Abstimmungen auch stattfinden.

Die »Volksabstimmung mit den Füßen« fand zwar nicht immer erfolgreich statt, so im Kampf gegen die Stationierung der Amerikaner, doch mit den Jahren lernten die Isländer, immer lauter zu werden. Im Herbst 2008 versammelten sie sich Topfdeckel schlagend auf dem Platz Austurvöllur vor dem Parlament, um so die stoisch schweigenden Politiker aufzuscheuchen. Es gelang ihnen, dass im Frühjahr 2009 Neuwahlen stattfanden und viele der alten Garde verschwanden.

2016 zeigte sich, dass die reichen Isländer, die das Land und seine Bürger acht Jahre vorher an den Rand des Staatsboykotts geführt hatten, weiter agierten und offensichtlich weiterhin gegen das Volk. Wieder wurden Deckel geschlagen und Eier geworfen, um den stur auf seinem Posten verharrenden Premierminister zum Rücktritt zu bewegen. Er und seine Familie hatten Teile ihres Geldes in Briefkastenfirmen in Panama angelegt.

Diese laute Volksabstimmung weckte nicht nur die Isländer wieder auf, sondern demonstrierte auch dem Ausland: »Trotz Filz und Korruption wissen wir immer noch, was Demokratie ist. Wir wollen die Veränderung.«

140

Vulkane
Brodelnde Kinderstube

Island ist ein Paradies für Geologen. Sie lieben es bis heute, mit ihren Hämmern einzufallen und junge Lava oder alte Steine herauszuklopfen. Was sind schon 15–20 Millionen Jahre mit Blick auf die Erdgeschichte? Island ist quasi das Kleinkind unter den Ländern.

Stratovulkane, Schildvulkane, subglaziale Tafelberge, Calderen und Lava, Lava, Lava, immer wieder Lava in den unterschiedlichsten Formen, alles findet man hier. Vulkane gleichen Typus müssen sich nicht unbedingt ähnlichen sehen, sind es aber natürlich von ihrem Aufbau her. Sowohl Snæfellsjökull als auch Hekla zählen zu den Stratovulkanen, gebildet durch mehrere Lavaschichten. Während Snæfellsjökull eine gleichmäßige, fast runde Form hat mit einer kleinen Spitze, so ist die jüngere Hekla rückenförmig.

Interessant sind die Schildvulkane. Sie bestehen aus fester Fladenlava und sind regelmäßige, sehr flache Kegel mit einer Hangneigung von maximal 8 °. Entstanden sind sie bei einem einzigen, sehr lang andauernden Ausbruch. Die wenigstens sind sehr hoch. Als Prototyp dieser Vulkanart gilt der Skaldbreiður im Südwesten unweit des Þingvallavatns. Er ist nur 1.060 m hoch, doch es dauert gefühlte Stunden, bis man den Gipfel erreicht hat. Der Berg ist fast kreisrund und steigt mit einem Neigungswinkel von 6 ° an. Der letzte entstandene Schildvulkan ist Surtsey, der Ausbruch dauerte dreieinhalb Jahre.

Beeindruckend sind auch Kraterreihen wie die 24 km lange Reihe der Lakagígar. Sie entstanden bei einem Ausbruch 1783, insgesamt wurde dabei ein 560 km² großes Schlackenlavafeld produziert. Mehrere hundert Millionen Kubikmeter Asche wurden hochgeschleudert und bedeckten große Teile des Landes. Schwefel- und Salzsäure bildeten mit feinstem Staub riesige Wolken. Menschen und Tiere starben damals zu Tausenden. Heute ist das Gebiet am Südwestrand des Vatnajökulls eine verzaubernde Lava- und Vulkanlandschaft.

WARNING!
The new lava is extremely unstable and fragile. For reasons of nature protection and safety, traffic on the new lava is only allowed on marked trails.
VARÚÐ!
Hraunið er afar brotkennt og torfært. Vegna náttúruverndar og öryggis er umferð einungis heimil á merktum gönguleiðum.

Walfang
Wal im Meer oder auf dem Teller?

Was wollen die Isländer machen: Walfang oder Walbeobachtung? Für Wal liebende Zeitgenossen ist der isländische Walfang ein Problem, zumal es keine rationalen Gründe dafür gibt.

In den 1980er-Jahren hatte vor allem Greenpeace massiven Druck auf Island ausgeübt und zum Boykott isländischer Fischereiprodukte aufgerufen. Ab 1990 wurden keine Wale mehr gefangen, denn wirtschaftlich spielte der Fang keine Rolle. Doch 1992 trat Island aus der IWC (International Whaling Commission) aus, da ihrer Meinung nach die IWC ihrer Aufgabe nicht gerecht werde. Zusammen mit den Färöer, Grönland und Norwegen gründete man eine eigene Walfangorganisation für den Nordatlantik. Die drei Partner betreiben seit eh und je Walfang, wobei Grönland einen speziellen Status hat.

2003 begann Island mit dem sogenannten wissenschaftlichen Walfang und 2006 dann wieder kommerziellen, Hauptabnehmer ist Japan. Als Grund wurde damals vor allem angeführt, dass die Wale die Fischbestände gefährden. Nun ja ... auf jeden Fall gab es wieder Walfleisch in den Fleischregalen – allerdings: so richtig haben die Isländer ihre Leidenschaft nicht wiederentdeckt. Zeitgleich hagelte es Proteste aus dem In- und Ausland, vor allem die Walbeobachter sahen ihr Geschäft bedroht. Die Tourismusbranche fürchtete Einbußen, da damals die ersten amerikanischen Reiseunternehmen schon Reisen stornierten.

In der Zwischenzeit hat sich die Lage etwas beruhigt. Die ausgeschriebenen Quoten für die Wale werden schon seit Jahren nicht erreicht, und im Grunde ist es wirtschaftlich sinnlos. Die Isländer sind nicht so wild auf das Fleisch, lediglich auf Lebertran. Wohl aber stehen seit einigen Jahren Werbetafeln vor Restaurants, die auf ihr Walsteak hinweisen. Insgesamt steht der Wal in variabler Zubereitung auf etlichen Speisekarten.

Wenn man heute an dem alten und wieder aktivierten Walzerteilplatz am Hvalfjöður – übersetzt Walfjord – vorbeikommt, wirkt alles recht geheimnisvoll. Es scheint, dass sich hier niemand in die Karten schauen lassen möchte. Doch warum diese Einmauerung? Ich glaube aus purem Trotz, denn die Isländer hassen es, wenn ihnen andere sagen, was sie machen dürfen und was nicht.

142

Wandern

Ein Land auf zwei Beinen

Island ist nicht nur für Touristen ein ideales Wanderland, sondern auch und vor allem die Isländer lieben es, in ihrem Land zu wandern. Der Traditionswanderverein Ferðafélag Íslands besteht schon seit 1927.

Ferðafélag Íslands organisiert Touren im ganzen Jahr und zu jeder Jahreszeit. 7.000 Mitglieder nutzen die Möglichkeiten, z. B. die zahlreichen Wanderhüten günstiger zu belegen. Außerdem haben sie ein Buchungsvorrecht, was in den Sommermonaten in Anbetracht zahlreicher Touristen wichtig ist. Verschnarcht oder überaltert ist der Verein in keiner Weise, die Guides gehören allen Generationen an, ebenso wie die Teilnehmer.

Schaut man in die Hüttenbücher, so fällt auf, dass Isländer gern in der Gruppe wandern, die Suche nach der Einsamkeit überlassen sie den Touristen. Die fröhlichen Unternehmungen finden im Sommer auch mal nachts statt – Helka in der Mitternachtssonne zu besteigen, hat einen besonderen Reiz. Überhaupt findet Laufen, Joggen oder auch Walken großen Anklang. In Reykjavík gibt es eine Vielzahl von Wegen, die durch das Grün der Stadtteile führen. Auch die Kinder ziehen von kurzen Beinen an durch die Gegend, sowohl an der Hand der Betreuerinnen als auch mit den Eltern. Es gibt spezielle Wandervereine für Familien, Wanderungen mit Entdeckungen und Spielen – das Wandern ist in Island eine Breitenbewegung.

Wasser
Pure Icelandic

Dass Island viel Wasser hat, ist hinlänglich bekannt, aber dass es jetzt auch in Flaschen die Welt erobert, ist noch nicht so bekannt. Es wird ja auch noch nicht sehr lange abgefüllt.

Als ich auf einer meiner ersten Reisen ein Flasche Wasser kaufen wollte, drückte man mir einen kleinen Kanister in die Hand. Es lag nicht nur an den Sprachschwierigkeiten – in Flaschen abgefülltes Wasser war nicht üblich. Wasser trank man aus dem Hahn, frisch und kalt kam und kommt es zu jedem Essen auf den Tisch.

Doch mit den diversen Moden und Freizeitaktivitäten änderte sich auch der Lifestyle im Land. Heute gibt es Wasser in jeder Form und Größe, angereichert mit Geschmacksstoffen wie Zitrone oder gleich als sogenanntes Sportgetränk. Die puristische Variante nennt sich auch »Pure Icelandic« und stammt aus der Heiðmörk, einer Hügellandschaft unweit von Reykjavík. Eine andere Marke mit gleicher Wasserquelle lautet »iceland natural spring water«.

Dass man im Ausland mit dem Produkt punkten kann, überrascht nicht, denn gesundheitsbewußte Ernährung impliziert das richtige Getränk. So fand ich am nationalen Flughafen in Washington »Pure Icelandic«. Auch der Nachbar Grönland hat manchmal isländisches Wasser im Regal.

Natürlich wird das Wasser nicht nur pur getrunken, am liebsten in Soft-Drinks und Bier. Vor allem Letzteres wird entscheidend vom richtigen Wasser beeinflusst.

Wasserfälle
Ständig rauscht es herab

Tausende und tausende Wasserfälle gibt es in Island. Einige so bekannt wie das Brandenburger Tor, die Niagarafälle oder die Freiheitsstatue in New York: So oft wurden sie fotografiert und erwähnt. Andere plätschern im Verborgenen.

Nun, welcher ist wohl der bekannteste? Gullfoss, der »Goldene Wasserfall«, der in der Mitternachtssonne seinem Namen alle Ehre macht und in dessen Sprühwasser Regenbogen schimmern? Oder Skógarfoss, dessen Kaskade 60 m hinunterstürzt? Oder Dettifoss, dessen ungeheure Wassermassen 40 m tief fallen? Oder ist es doch Goðafoss, in dessen tosende Kaskaden im Jahr 1000 der Gode Þorgeir Þorkelsson die Statuen der alten Götter schleuderte, um das Christentum als Religion zu installieren? Die Liste ließe sich fortführen.

Wasserfälle machen einen enormen Reiz Islands aus, vor allem wenn man wandert und am Abend das Zelt aufbaut. Schön ist dann die Nähe zu einem kleinen, vielleicht gerade 50 cm hohen Wasserfall, dessen Plätschern entspannend wirkt. Bei einigen großen Fällen muss man dankbar sein, dass sie noch existieren. So sollte, Anfang des 20. Jahrhunderts angedacht, die Wasserkraft des Gullfoss bzw. des Flusses Hvítá, aus dem der Fall gespeist wird, für ein Kraftwerk genutzt werden. Außer den natürlichen gibt es auch noch die von Menschenhand erschaffenen wie der Öxarárfoss in Þingvellir oder der neue Fall am Überlauf des Stausees Hálslón.

Wasserfälle gehören zu Island und etliche Bauernhöfe haben ihre kleinen, privaten. Anlässlich der Expo 2000 in Hannover hatte Island einen blauen Quader, an dessen Außenseite Wasser herunterlief: die isländischen Wasserfälle.

145 Wasserkraft
Natürlich Energie

Saubere und nachhaltige Energieproduktion, dafür steht Wasserkraft. Doch in den letzten Jahren hat sich Widerstand im Land formiert, der Ursprung der Bewegung liegt im Bau des großen Wasserkraftwerks Fljótsdalur, auch als Kárahnjúkar bekannt.

Insgesamt 14 Wasserkraftwerke gibt es im Land, das älteste ging 1937 ans Netz, Ljósafoss, rund 40 km östlich von Reykjavík. Das jüngste Kraftwerk ist Búðarháls am Südrand des Hochlands, wo jetzt insgesamt sechs Kraftwerke stehen. Das umstrittenste ist sicher aber Fljótsdalur im Nordosten. Über Jahrzehnte sprach man davon, im Nordosten am Rand des Vatnajökulls ein Wasserkraftwerk zu errichten, doch richtig Schwung bekam die Sache erst, als man auch die Aluminiumschmelze in Reyðarfjöður plante. Nach einigem Hin und Her fand sich ein potentes Unternehmen, Alcoa wollte die Vorzüge des billigen isländischen Stroms für seine Aluminiumproduktion nutzen.

Um ausreichend Wasser aus den Gletscherflüssen aufzustauen, wurde ein gigantischer Damm gebaut, der jetzt den 57 km² großen Stausee Hálslón begrenzt. Bevor die Arbeiten begannen, kam es zu massiven Protesten gegen diese Naturzerstörung, denn unter dem Wasser ruht ein beeindruckender Canyon. Schade war, dass viele erst sehr spät überhaupt ihre Füße und ihren Blick dorthin richteten. Die Journalisten und Isländer kannten das Gebiet überhaupt nicht.

Am Kampf beteiligten sich auch Björk und ihre Mutter, was letztlich aber nichts an der Niederlage änderte. Das Gute ist immerhin, dass daraus ein erstarktes Umweltbewusstsein und die Schaffung des Vatnajökull-Nationalparks hervorgegangen sind. Außerdem wollen die Isländer weitere Naturzerstörung durch neue Stauseen im Hochland nicht mehr kampflos hinnehmen. Landsvirkjun, der wichtigste Stromerzeuger des Landes, investiert in neue Projekte: in die Windkraft. Schön und gut, die Frage ist nur, wo die Windkraftmühlen stehen werden.

Weihnachtsmänner
13 schrille Jungs

Ein einzelner Weihnachtsmann? Das ist doch eher langweilig, in Island ist eine ganze Familie aktiv: 13 Weihnachtsjungen. Sie bringen kleine Geschenke, natürlich vorausgesetzt, die Kinder waren auch artig – immer die gleiche Geschichte.

Diese 13 Weihnachtsjungen sind eigentlich kleine Trolle und stammen von der alten Trollfrau Grýla und ihrem faulen Mann Leppalúði ab. Sie leben im Hochland und nur zur Weihnachtszeit dürfen die Jungen runter zu den Menschen. Wir wissen ja, wenn die Sonne scheint, ist es für Trolle sonst zu gefährlich. Im Winter besteht die Gefahr, dass sie zu Stein werden nicht, dem Wetter sei Dank. So kommen sie dann ab dem 12. Dezember einer nach dem anderen zu den Menschen, bis sie am 24. Dezember alle zusammen sind. Danach geht dann wieder einer nach dem anderen zurück ins Hochland. Am 6. Januar ist Weihnachten schließlich vorbei.

Die Kinder in Island legen an jedem der 13 Abende ihre Schuhe auf den Fenstersims und hoffen, dass ihnen der Weihnachtsmann, der an diesem Tag in die Stadt kommt, etwas mitbringt. Aber Vorsicht! War man nicht wirklich artig, kann es sein, dass man in seinem Schuh nur eine alte Kartoffel findet. Da hilft es im Zweifelsfall vielleicht schon, wenn man neben seinen Schuh auch noch eine Kleinigkeit zum Knabbern für die Weihnachtsmänner legt.

Die Jungen haben sehr sprechende Namen: Stekkjarstaur (Schafschreck oder Pferchpfahl), Giljagaur (Schluchtentölpel), Stúfur (Knirps), Þvörusleikir (Löffellecker), Pottasleikir (Kesselkratzer oder Topflecker), Askasleikir (Schüssellecker), Hurðaskellir (Türentreter), Skyrgámur (Skyrgierschlund), Bjúgnakrækir (Wurststibitzer), Gluggagægir (Fenstergaffer), Gáttaþefur (Türschlitzschnüffler), Ketkrókur (Keulenklauer bzw. Fleischangler) und Kertasníkir (Kerzenschnorrer). So weiß jeder, was die Jungen am liebsten machen. Wer die Knaben kennenlernen möchte, fährt in den Norden an den See Mývatn, wo die Kleintrolle sich in der Lava zeigen. Diejenigen, die mehr für Santa Claus schwärmen, kommen auch auf ihre Kosten, er hat dort nämlich seinen großen Stuhl.

Außer den Jungen gibt es noch die schwarze Weihnachtskatze. Sie frisst am liebsten Kinder, aber nur die böse und diejenigen, die kein neues Kleidungsstück zu Weihnachten bekommen. Damit keiner gefährdet ist, gehört es Weihnachten dazu, dass jeder etwas Neues erhält. Den ganzen Dezember zeigen die Geschäfte, was dieses Jahr edel und aktuell ist. Schick gewandet sitzt dann am 24. Dezember die ganze Familie unter dem Weihnachtsbaum.

Wetter
Abwechslung pur

Kein Thema ist in Island ergiebiger und mit keinem Thema lässt sich besser ein Gespräch eröffnen. Das Schöne ist, es wechselt sehr schnell und manchmal auch recht heftig. Das macht die Standardfrage der Reisenden, »Wie wird das Wetter?«, schwierig in der Beantwortung.

Bauern und Fischer müssen natürlich schon wissen, worauf sie sich einzustellen haben – daran hat sich bis heute nichts geändert. Trotz Internet spielt das Radio immer noch die wichtigste Rolle, um Windstärken, Regenbedrohungen oder Schneestürme zu verkünden. Ausgiebig werden alle Windrichtungen und -stärken aufgelistet, und so dauert der Wetterbericht gern 30 Minuten. Jahreszeiten besagen im Hinblick auf das Wetter auch nicht viel, so habe ich im Juni schon so heftige Schneestürme erlebt, dass Teilstücke der Ringstraße für normale Pkw gesperrt waren. Viel dramatischer war aber die Folge, dass sehr viele der schon draußen im Land befindlichen Lämmer erfroren.

Gerade die Schafe bedürfen der Aufmerksamkeit. Im August 2013 mussten die Tiere in Nordisland früher als sonst eingesammelt werden, denn es drohte ein heftiger Sturm. Wir waren zu dieser Zeit gerade mit dem Auto unterwegs und wurden von jedem, den wir trafen, darauf hingewiesen, dass ein Sturm im Norden aufziehe, damit wir ja nicht in die falsche Richtung führen. Isländer nehmen Wetterwarnungen ernst, und wenn man auf einem Schiff ist, erlebt man fühlbar, was Stürme bewegen können, Seekrankheit ist dann garantiert.

Ein Blick auf die Wetterinternetseite ist sehr lehrreich, denn man erhält nicht nur Temperaturinformationen für jede Region, sondern erfährt auch die Meereiskondition oder ob Erdbeben und Lawinen drohen. Die meisten Reisenden wollen nur wissen, ob die Sonne scheint oder Regen naht. Doch wie heißt es so schön: Wenn dir das Wetter in Island nicht gefällt, so warte fünf Minuten.

Wikinger (Vergangenheit)

Verwegene Gesellen

Wenn von den frühen Siedlern Islands gesprochen wird, so nennt man sie oft »Wikinger«. Das macht es einfach, denn jeder kann mit dem Begriff etwas verbinden: Handfeste, kernige Kerle aus dem Norden, rauflustig und exzellente Seefahrer, die zudem munter das Trinkhorn schwangen.

Wir alle kennen die Bilder von Wikingern, und sei es nur als Comicfigur Hägar der Schreckliche oder bei Asterix und Obelix. Doch die Realität sah anders aus. Mit dem Bau der schnittigen und wendigen Schiffe machten sich die ersten Norweger auf in Richtung Nordwesten. Im 6. Jahrhundert besiedelten sie die Shetlandinseln. Seit dem 8. Jahrhundert fuhren einige raus auf »Wiking«, einen gezielten Raubzug. Bevorzugt wurden Klöster im heutigen Großbritannien angesteuert, denn von Seiten der Mönche und Nonnen brauchten sie keinen Widerstand zu erwarten. Schnell waren die Kirchenschätze kassiert, bevor es zurück nach Hause ging. Diese effizienten Überfälle fanden sowohl im Nordsee- als auch im Ostseeraum statt.

Die Norweger, die in Island siedelten, waren zu allererst einmal Bauern, die frei und unabhängig von irgendwelchen Potentaten auf einem großen Hof mit viel Land leben wollten. Zwar machten auch sie häufig einen Abstecher nach Irland, doch ihre Raubzüge zielten auf Frauen und Sklaven, sie brauchten nämlich billige Arbeitskräfte.

Die Entdeckung der Insel im hohen Norden geschah zufällig. Den Norweger Naddoður verschlug es 860 während eines Sturms auf seiner Fahrt zu den Färöern an die Ostküste Islands. Er hielt sich nicht lange auf, sondern segelte wieder weiter. Im selben Jahr ereilte den Schweden Garðar Svarvarsson auf seinem Weg von Dänemark zu den Hebriden das gleiche Schicksal. Er landete im Südosten der Insel, dem späteren Austurhorn, und überwinterte an der Nordküste im heutigen Húsavík. Garðar segelte an der gesamten isländischen Küste entlang und entdeckte so, dass es sich um eine Insel handelte, der er den Namen Garðarshólmur (Garðars Insel) gab. Zu seiner Mannschaft gehörte der Gefolgsmann Náttfari, der einen Landaufenthalt zur Flucht nutzte und sich im Norden Islands ansiedelte. Náttfari gehörte nicht zu den bedeutenden Männern seines Landes, und somit verweigert ihm die Geschichtsschreibung den Ruhm des ersten Siedlers. Andere Geschichten sprechen sogar davon, dass Náttfari ein irischer Sklave gewesen sei, was ja noch weniger für den Status des ersten Siedlers geeignet wäre. Es reichte ja, dass man sich den Entdeckerruhm mit irischen Mönchen teilen musste, die sich seit dem 7. Jahrhundert schon auf diese Insel in die Einsamkeit zurückzogen.

Ingólfur Arnarson, offiziell der erste Siedler in Island, ist da schon der richtige Charakter. Streitigkeiten mit blutigem Ausgang hatten ihn zusammen mit seinem Ziehbruder Leifur Hróðmarsson gezwungen, Norwegen zu verlassen. Nach ersten Erkundungen beschlossen die Brüder, sich in Island niederzulassen. Sie kehrten noch einmal nach Norwegen zurück, um alles vorzubereiten und Mitstreiter für die Ansiedlung zu gewinnen. 874 machten sie sich dann auf. Beim Anblick der Küste ließ Ingólfur die Götter entscheiden, wo er an Land gehen solle. Ganz im Sinne seines Glaubens warf er die beiden Hochsitzsäulen, die den Ehrensitz des Hausherrn verzieren, ins Meer. Dort, wo sie angeschwemmt wurden, wollte er seinen Hof errichten. Er verbrachte schließlich mehrere Winter an der Südküste, bevor er seine Säulen am Strand der heutigen Hauptstadt fand. Aufgrund des aufsteigenden Dampfes der heißen Quellen nannte Ingólfur den Platz Reykjavík (Rauchbucht).

Natürlich wissen wir auch, wie er aussah, männlich entschlossen blickt sein Standbild auf den Hafen Reykjavíks und die Altstadt, trutzig stehend auf dem Hügel Arnarholl.

149 Wikinger (Gegenwart)

Wir verkaufen Mythen

Natürlich fühlen sich die Isländer als echte Nachkommen der Wikinger und entsprechend wird immer mehr damit geworben. Vor allem aber ist es Teil des isländischen Selbstverständnisses: wagemutig, stur und auch mal kämpferisch.

Wenn die Isländer sich selbst und ihr Land beschreiben, dann fehlt das Schlagwort »Wikinger« nicht. Island wird mit einigen Schlagwörtern verkauft und die Wikinger gehören dazu. In Hafnarfjörður, einer Hafenstadt rund 12 km von Reykjavík entfernt, gibt es seit etlichen Jahrzehnten alljährlich ein Wikingertreffen, zu dem Wikingergruppen aus der ganzen Welt anreisen. Sie zeigen alte Handwerkskunst, Kleidung – und natürlich gehören gutes Essen und Alkohol dazu. In der Stadt gibt es außerdem ein entsprechendes Hotel und vor allem ein Restaurant. Mit den Jahren hat sich das einst nur touristische Lokal zu einem beliebten Treffpunkt für Isländer entwickelt, besonders für Firmen- und Familienfeiern. Da alles, was lukrativ ist, auch kopiert wird, findet man heute mehrere dieser Wikingerhallen und -lokale im Land.

Anbei, die »erfolgreichen« Geschäftsleute und Banker, die Island fast in den Staatsbankrot gestürzt hätten, wurden auch Wikinger genannt. Ihre Landsleute bewunderten ihr Tun und Treiben, vor allem die Einkäufe ausländischer Firmen. Durch die Krise hat die Begeisterung für diese Wikinger im Land allerdings schwer gelitten.

150 Winter
Die langen, dunklen Tage

Die Monate Januar und Februar gelten als die »wirklichen« Wintermonate und sind trüb, grau und manchmal viel zu lang. Doch es gibt ein Mittel dagegen: Licht und Feste. Das traditionelle Þorrablót – das Winteraustreiben – spielt auch heute wieder eine Rolle.

Þorri ist einer der alten isländischen Monate. Er beginnt an einem Freitag zwischen dem 19. und 25. Januar und endet an einem Samstag zwischen dem 18. und 24. Februar. Während es in heidnischen Zeiten ein Mittwinterfest war, wurde aus Þorri zu christlicher Zeit eine Art personifizierter Winter, ein alter, großer Mann, der schrecklich zu denen sein kann, die ihn nicht respektieren. Es gibt noch zahlreiche andere Erklärungen für den Namen, doch heute zählt vor allem das gemeinsame Essen, Feiern, Tanzen und Trinken. Da das Fest mitten im Winter stattfindet, greift man auf traditio-

nelle Speisen zurück, Entsprechend gehören zu den *Þorrablót*-Büfetts gesengte Schafköpfe – die Augen sollen besonders gut schmecken –, fermentierter Hai (Hákarl), Walspeck, sauer eingelegte Schafshoden, Blut- und Leberwurst, Trockenfisch, geräucherter Fisch und geräuchertes Lammfleisch. Dazu gibt es in der Erde gegartes Roggenbrot. Neben Brennivín wird auch Molke als Getränk gereicht. Gefeiert wird in Restaurants, aber auch mit Freunden und Verwandten zu Hause und natürlich in den Freundeskreisen der Isländer im Ausland.

Als neue Aktivitäten gibt es Festivals wie das Winter Lights Festival, das die Hauptstadt in bunte Lichter taucht. Auf diese Weise kann man die Weihnachtsbeleuchtung noch einmal aktivieren. Und wenn man schon Licht erwähnt, darf man auch das fulminante Silvesterfeuerwerk nicht vergessen. Die Isländer versuchen eben alles, um Licht ins Dunkel zu bringen.

151 Zeitmanagement
Das kriegen wir schon hin!

Ein Volk, das so stark von der Natur und den Urgewalten determiniert wird, das richtet sich im Alltag nicht unbedingt nach einem Fahrplan. Pünktlichkeit ist demnach ein dehnbarer Begriff.

Natürlich fliegen die Flugzeuge nach einem Fahrplan und auch die Busse des öffentlichen Verkehrs, doch muss jedes Treffen genau um 14 Uhr beginnen, wenn man 14 Uhr sagt? Im Gegenzug sollte man sich aber nicht darauf verlassen, dass alle unpünktlich sind. Alle meine isländischen Bekannten weichen sehr von der Regel ab, vielleicht liegt es daran, dass sie entweder in Deutschland gelebt haben oder mit deutschen Unternehmen zu tun hatten. Noch schlimmer: Sie erwarten von mir unbedingte, deutsche Pünktlichkeit, fatal.

Überraschend ist auch zu sehen, wie geplant oder gebaut wird. Ein Freund war dabei, neue Apartments zu errichten. Wände mussten gezogen werde, danach standen noch Malerarbeiten und das Einräumen der Möbel an. Ich besuchte ihn eine Woche vor Einzug der ersten Gäste – und natürlich waren die Wände noch offen. Was mich vermutlich komplett in Panik versetzt hätte, nahm mein Freund sehr locker. Er war sich sicher, dass alles gutgehen würde – natürlich hatte er Recht.

»*Þetta reddast.*« – »Das kriegen wir schon hin.« Diese Gelassenheit ist wohltuend, zumal der Spruch auch gilt, wenn es um Probleme geht. Isländer können fantastisch improvisieren und sind einfach flexibel. Vielleicht ist ja was dran, dass Isländer die Italiener des Nordens seien – doch ihre Ergebnisse gleichen denen der Mitteleuropäer.

Danksagung

Ich danke dem Verleger Matthias Walter für seine fast unendliche Geduld, Jo für die zahlreichen, schönen Islandtouren, meinen isländischen Freunden und Bekannten für die anregenden, gemeinsamen Stunden und den vielen Isländern, die mich informierten, inspirierten und amüsierten. *Þakka fyrir!*